쉽게 배워 + 바로 써먹는
옥탑방보보스의 토지투자 첫걸음

나는 오를 땅만 산다

김종율(옥탑방보보스) 지음

한국경제신문

- 김종율은 이론만 설명하는 전문가가 아닙니다. 실제 엄청난 투자자입니다. 그래서 더 공감하며 책을 흡수할 수 있었던 것 같습니다. 준주거지역과 준공업지역을 주목하라며 구체적인 실제 사례로 설명해주는 것을 보며 '정말 많은 분들이 이 책을 통해 토지투자의 세계로 진입할 수 있겠구나' 하는 생각이 들었습니다.

  토지라는 부동산을 투자하는 데 있어 용도지역을 이해하는 일만큼 중요한 것은 없습니다. 《나는 오를 땅만 산다》를 통해 용도지역이라는 개념에 대해 정말 속 시원하게 제대로 이해할 수 있었습니다. 그는 부동산의 기본인 입지의 중요성에 대해서도 단호합니다. 다세대는 다세대가 먹히는 입지를 공략하라고 합니다. 이외에도 그만의 인사이트와 알짜 팁들이 가득합니다.

  이렇게 토지를 설명하는 전문가는 김종율밖에 없습니다. 부동산의 기본은 토지입니다. 《나는 오를 땅만 산다》는 토지투자의 기본을 제대로 설명한 명품 부동산 책입니다. 토지투자를 정석으로 배워보고 싶은 분들께, 토지투자를 시작하고 싶은 분들께 이 책을 자신 있게 추천드립니다.

  김학렬(빠숑) | 더리서치그룹 부동산조사연구소 소장, 팟캐스트 '부동산 클라우드' 진행, 《서울이 아니어도 오를 곳은 오른다》 저자

- 토지 · 상가투자 전문 강사 분들이 많이 계시지만, 많이 아는 것과, 쉽게 잘 가르치는 것은 또 다른 문제입니다. 김종율 선생님은 쉽게 잘 가르쳐주시는 최고의 강사입니다. 상가투자 책에 이어서, 이번에는 토지투자에 대한 책을 써주셨습니다. 정말 훌륭한 강의를 쉽게 글로 녹여 써주신 책이 나와서 언제고 되짚어가며 공부할 수 있게 되었습니다.

부동산 시장의 테마는 돌고 돕니다. 주택시장에 대한 규제 강화, 온라인 중심으로의 소비패턴 변화, 최저임금 문제 등으로 주택투자와 상가투자는 예측하기가 한층더 어려워졌습니다. 바로 지금이 남들보다 조금 빨리 '토지투자'를 공부해야 할 때라고 생각됩니다. 이 책에 담긴 뼈대와 그 뼈대를 받쳐주는 사례들은 누구라도 토지투자를 쉽고 빠르게 배울 수 있는 좋은 교재가 되어줄 것이라 생각합니다.
《나는 오를 땅만 산다》로 같이 토지투자 공부 시작합시다.

강영훈(붇옹산) ㅣ 네이버카페 '붇옹산의 부동산스터디' 운영자, 유튜브 '붇옹산TV' 진행, 《붇옹산의 재개발 투자 스터디》 저자

- 나는 19년째 부동산투자를 하고 부동산 강의를 하고 있다. 하지만 토지투자는 아직도 어렵고도 힘든 분야이다. 어쭙잖은 지식과 단순한 의지만으로는 토지투자에 실패한다. 부동산은 정부 정책 실패에 따른 내부충격으로 무너진 적이 없다. 부동산시장은 늘 호황과 규제, 침체와 부양이 반복된다. 실패한 투자자는 호황의 정점에서 따라 하기 투자를 한 이들이고 성공한 투자자는 침체의 장에서 소신 투자와 역발상 투자를 한 이들이다. 이 책은 시장의 흐름을 여유 있게 지켜볼 수 있는 눈을 길러주고, 토지투자 재테크의 실질적인 능력을 키워줄 것이다.

고상철 ㅣ (주)랜드삼교육 대표, 인하대학교 정책대학원 부동산학과 외래교수

토지투자를 시작하기 위한 첫걸음

홍춘욱 | 키움증권 투자전략팀장, 《인구와 투자의 미래》《환율의 미래》 저자

수도권을 중심으로 주택 가격이 크게 상승하면서 투자자들의 고민이 점점 깊어지고 있습니다. 왜냐하면, 주택 가격 대비 전세 가격의 비율이 떨어지면서 이른바 '갭투자'의 비용이 천정부지 솟아 오른 데다 소득 수준에 비교해보더라도 수도권 일부 지역 주택 가격이 저렴하다고 말하기는 어려워졌기 때문입니다.

예를 들어, 주택금융공사에서 발표하는 '주택구입부담지수'는 2013~2016년에 사상 최저 수준이었던 반면 최근에는 이미 역사적 평균 수준을 웃돌기 시작했습니다. 여기서 '주택구입부담지수'란 주택 가격과 금리, 그리고 지역별 소득수준을 감안하여 만들어지는 지표로 이 숫자가 상승하면 주택 구입의 부담이 높아지는 것으로 볼 수 있습니다.

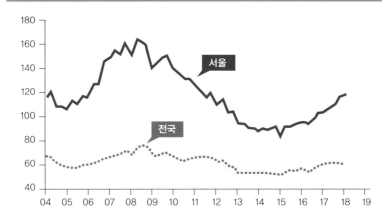

자료: 한국 주택금융공사

상황이 이러하다 보니, 다른 대안을 탐색하는 분들이 늘어나는 듯합니다. 특히, 부동산 시장 내에서도 토지투자에 관심이 높아지는 것을 체감하게 됩니다. 다음의 도표에 나타난 것처럼, 서울 아파트 가격과 지가를 비교해보면 지가가 아파트 가격에 비해 상승 탄력이 훨씬 약한 것을 발견할 수 있죠. 다시 말해, 토지투자의 매력이 점점 높아지는 셈입니다.

예를 들어 1986년 서울 아파트와 토지에 각각 1억 원을 투자했다고 가정하면, 2017년 말 서울 아파트는 5억 400만 원까지 상승했지만 토지는 3억 7,000만 원 남짓했을 것입니다(단, 이 지표는 말 그대로 '평균'에 불과합니다. 지역에 따라서는 아파트보다 훨씬 가격이 많이 오른 곳도 다수일 것입니다). 이런 현상이 나타난 이유는 2000년대에 접어들면서

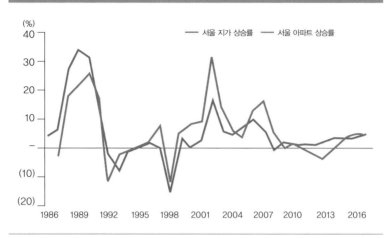

자료: 한국은행 경제통계정보 시스템(ECOS)

서울 아파트 가격의 상승률을 토지가격이 따라잡지 못했기 때문입니다.

그런데 이런 현상은 세계적인 흐름과 배치됩니다. 1870년 이후 세계 주요국의 토지가격을 조사해 '세계가격지수'를 만든 베를린 자유대학의 카트리나 크놀 교수 등이 발표한 보고서(〈No Price Like Home: Global House Prices, 1870-2012〉, AER, 2017) 따르면, 세계 주택 가격은 지속적인 상승세를 보였는데 그 가장 큰 이유가 바로 토지 가격의 상승 때문이라고 합니다. 즉 주택 가격과 토지 가격은 동반 상승하는 경향을 보였으며, 특히 주택건설에 투입되는 자재의 고급화 현상을 감안해도 토지 가격과 주택 가격의 상승이 함께 이뤄졌다고 합니다. 결국 전 세계 주택 가격의 급등 현상은 곧 토지 가격 급등 때문이라고 해도 과언이 아닐 것입니다.

그럼 왜 한국 토지 가격은 아파트 가격에 비해 상대적으로 탄력이 약했을까요? 1980년대 급등에 따른 조정이 가장 큰 이유이겠지만, 토지투자의 어려움이 커 투자자들이 회피한 것도 큰 영향을 미쳤으리라 짐작됩니다. 김종율 작가는 다음과 같이 토지투자의 어려움을 정리해줍니다.

—— 주택투자가 자전거라면, 토지투자는 오토바이와 같은 것이다. 자전
　　거는 배우기가 훨씬 쉽지만 속도가 붙어도 꾸준히 발로 페달을 밟아
　　야 넘어지지 않고 나아간다. 반면 오토바이는 배우기가 훨씬 어렵지
　　만 일단 기술을 익히면 손목을 조금 움직여 엑셀 레버를 당겨 더 빠
　　른 속도로 나아갈 수 있다. 그뿐 아니다. 자전거 같은 주택투자는 어
　　느 날 부동산 경기가 나빠지는 오르막길을 만나면 더 나아가기 어렵
　　지만, 오토바이 같은 토지투자는 오르막길을 만나도 쉽게 오를 수
　　있다.

　　−12~13쪽

흥미로운 비유가 아닐 수 없습니다. 그렇지만, 주변의 지인들과 이야기를 나누면 토지투자 실패의 사례로 그득한 게 사실입니다. 개발호재가 있다고 해서 땅을 사놨지만, 10년이 넘게 감감무소식이라는 이야기를 자주 듣죠. 이런 사례를 들으면 금방 힘이 꺾이고 맙니다. 저

역시 팔랑귀라 주변 지인의 실패담에 금방 기가 꺾입니다. 그렇지만 이 책을 읽으면, 아래와 같은 유용한 팁을 발견할 수 있습니다.

— 모든 개발 사업이 실현되려면 반드시 행정 계획과 사업시행자가 있어야 한다. 기억하자. 이것은 불변의 공식이다.

사람들을 가장 헷갈리게 만드는 뉴스가 바로 이런 종류다. 사업시행자란 돈을 내고 사업을 실현하는 주체다. ○○시는 사업시행자가 아니며, 행정 계획만 세웠다. 사업시행자 없이 행정 계획만 나온 단계에서 투자에 뛰어들었다가는 실패하기 쉽다.

지방자치단체의 행정 계획은 진행되는 속도는 느린데 자주 언론에 노출돼 사람들을 현혹한다. ○○시 ○○○○센터와 관련해 토지투자를 하고 싶다면, 사업시행자가 결정되고 보상 계획이 세워졌을 때 투자 실행에 나서야 한다.

-52쪽

이 대목뿐만 아니라, 더 나아가 '택지개발지구 취소' 뉴스를 호재로 해석해 적극 투자에 나서야 한다고 지적한 부분에서는 입을 쩍 벌렸던 기억이 선명합니다. 택지지구가 해제되면 집이 부족해지니 집을 지을 만한 토지에 투자한다는 것은 그야말로 역발상 투자였습니다.

물론 이 책 한 권 읽었다고 해서 토지투자의 '대가'가 될 수는 없을 것입니다. 김종율 작가와 같은 고수들이 드글드글할 텐데, 투자 가치가 높으면서 값싼 땅이 그렇게 쉽게 발견되지는 않을 겁니다. 다만, 토지투자에 관심이 있는 분들이라면 첫 출발로 안성맞춤이 아닐까 생각해봅니다. 끝으로 귀한 노하우를 아낌없이 풀어주신 김종율 작가에게도 감사하다는 말씀을 드리고 싶습니다.

부동산 경기에 신경 안 쓰고
돈 벌고 싶은 당신에게

토지투자에 대한 편견을 깨자

많은 사람이 토지투자가 어렵다고 말한다. 토지투자에는 큰돈이 필요하거나 장기간 돈이 묶인다고도 한다. 모두 거짓말이다.

나는 직장생활을 하면서 투자 공부를 하고 투자했으며, 투자금이 1,000만 원 내외인 소액 투자도 숱하게 했다. 그뿐 아니라 10억 원이 넘는 공장을 단 6일 만에 매각한 적도 있다. 흔히 아파트를 비롯한 주택투자가 쉽다고 생각하는데, 사실 주택은 토지만큼 적정 가치를 따지기 쉽지 않기 때문에 어쩌면 더 어려운 투자일지 모른다.

사실 주택투자가 자전거라면, 토지투자는 오토바이와 같은 것이다. 자전거는 배우기가 훨씬 쉽지만 속도가 붙어도 꾸준히 발로 페달을 밟아야 넘어지지 않고 나아간다. 반면 오토바이는 배우기가 훨씬 어렵지만 일단 기술을 익히면 손목을 조금 움직여 엑셀 레버를 당겨 더 빠른 속도로 나아갈 수 있다. 그뿐 아니다. 자전거 같은 주택투자는 어느 날 부동산 경기가 나빠지는 오르막길을 만나면 더 나아가기 어렵지만, 오토바이 같은 토지투자는 오르막길을 만나도 쉽게 오를 수 있다.

물론 토지투자로 돈 버는 원리를 익히는 것은 주택투자의 그것을 배우는 것보다 시간이 더 많이 걸리고 복잡하다. 그러나 이 다양한 원리를 익히고 나면 부동산 시장의 흐름에 따라 유망한 땅을 찾아서 투자만 하면 된다. 이를테면 지금처럼 집값이 오르고 정부가 그린벨트 해제를 주장하면 미니 신도시 입지로 유망한 곳을, 2010년부터 2013년까지 전세 가격이 급등하고 다세대주택 매매가 활발하던 때는 빌라 짓기 좋은 땅을, 이도 저도 모를 때는 삼성전자가 입주한다는 평택시 지제동을, 부동산 경기와 무관하게 국책 사업에 따라 지가가 상승하는 곳을 찾을 때는 평택 미군기지 이전지 주변이나 평창 동계 올림픽으로 인한 호재 지역을, 안정적인 수익을 원한다면 수용 보상 토지를, 대북 화해 무드에 따라 수도권 북부 지역에 대한 투자가 유망한 지금은 그 주변의 토지를 사두면 되는 것이다. 그리고 여기에 언급한 모든 투자가 이 책에 담겨 있는 내용이다.

토지투자는 대단한 사람만 할 수 있는 것이 아니다. 이 책에 소개된 대부분의 사례는 2010년부터 내가 직접 투자한 것들로, 그때는 수도권 주택 경기가 안 좋았던 시절이다. 그럼에도 나는 소액 투자나 단기 투자로 꾸준히 수익을 내왔다.

　이 책에서는 토지 가치가 상승하는 원리에 대해 상세히 설명하고 있다. 그중 절반만 알아도 성공적으로 토지투자를 할 수 있다. 그것도 나처럼 직장생활을 하면서 말이다.

목돈이 없어서 투자를 못 한다고?

세상에 가장 쉬운 것이 돈으로 투자하는 것이다. 돈이 많아서 급매로 나온 우량 부동산을 턱턱 매입해서 시간이 지나기를 기다리는 투자가 가장 쉽다. 그런데 처음 공부를 시작하는 사람들에게는 그런 기회가 와도 돈이 없어 투자하지 못할 때가 많다. 그러면서 "투자를 하고 싶어도 모아놓은 돈이 없어 할 수 없다"는 이야기를 많이 한다.

　나는 서른 살이 넘었는데 모은 돈이 없어서 투자하지 못한다는 말에 동의하지 않는다. 동정도 하지 않는다. 나 또한 대학생활을 할 때 부모님께서 생활비를 대줄 형편이 되지 못해 과외를 포함한 온갖 아르바이트를 해왔다. 그렇게 모은 돈으로 투자를 시작했고, 스물아홉 살에 처음 신도시 아파트를 샀다. 그리고 서른 살로 넘어가는 2006년부터 재건축·재개발 투자를 비롯한 상당한 투자를 적극적으로 해왔다. 그러는 동안 나는 반지하방을 떠나지 않았다. 점포개발이란 업무의 특성상 차는 꼭 필요하기에 하나 사게 되었는데 그게 택시를 승용

차로 개조한 것이었다. 도대체 몇 십만 킬로미트를 주행했는지 알 수도 없는 것으로 세차를 하면 조수석 뒷자리로 물이 샜고, 비가 심하게 오는 날이면 무슨 이유에서인지 엔진이 잘 꺼지곤 했다(내 아버지는 장애가 있어 LPG 승용차 구입이 가능했다). 나는 똥폼 잡는 일에는 전혀 관심을 가지지 않았다. 오로지 가진 돈을 불리는 것과 직장생활을 열심히 할 뿐이었다.

GS리테일이라는 회사에 근무하던 2010년에는 우수사원상을 받기도 했는데, 그해 나는 여섯 건의 투자를 했다. 그중 수도권 투자는 단한 건이었다. 이 이야기를 하면 어떻게 회사를 다니면서 그렇게 투자했냐는 질문도 종종 받는다. 그때 나는 쉬는 데 연차를 단 하루도 쓰지않았고, 오로지 답사를 비롯한 투자를 위해서만 썼다. 이 정도 희생도하지 않고 매번 투자에 성공하기를 바란다면 욕심이라고 생각한다.

가끔 높은 전세금의 집, 비싼 새 자동차, 비싼 취미 생활을 즐기고자주 여행을 다니면서 투자할 돈이 없다고 하소연하는 이들이 있다. 그러면 비싼 전세나 새 차, 여행비용을 줄여서 투자하라고 하면 보통애인이나 배우자가 반대해서 혹은 지금의 생활을 유지하기 위해 그럴 수 없다고 한다. 바보 같은 말이다.

투자의 기본은 마중물을 만드는 것이다. 땀과 눈물로 종잣돈을 만들어야 하고, 그 돈이 마련될 때까지는 똥차든 지하방이든 감수해야한다. 그것이 투자 성공을 위한 기본자세다.

그렇다고 내가 대단한 수양이라도 하는 사람이라는 것은 아니다.

긴 안목을 두고 공부와 투자계획을 세워야 하는데, 느슨하게 살다가 갑자기 고3 학생처럼 생활하다 보면 몇 개월 못 가 포기하기 십상이다.

나는 이삼십 대 때 일주일에 다섯 번은 술을 마셨던 것 같다. 밤마다 술을 마시니 늦잠을 자게 돼, 학교나 직장에서 걸어서 5분 거리에 살았다. 그러나 그날 할 일이나 공부는 다 하고 밤늦게 한잔하며 스트레스를 풀고 잤을 뿐이다. 나는 회사 가기 싫어하고, 술 먹으면 주정하고, 언제나 늦잠 자고 싶어 하는 평범한 사람이다. 다만 하루 한 시간 정도 투자 공부를 하고, 주말 중 하루는 답사하기를 10년 정도 반복했을 뿐이다.

핑계를 대기 시작하면 내 잘못은 하나도 없지만 개선되는 것도 없다. 나는 사회에 첫발을 내디딜 때 출발선이 상당히 뒤에 있음을 깨달았지만 그걸 세상 탓으로 돌리지 않았다. 출발선이 뒤에 있다면 좀더 빨리 뛰는 것이 유일한 해법이라 생각했다. 그것이 공부였고, 주택 경기와 무관하게 수익을 낼 수 있는 '토지투자'에 문을 두드린 계기였다.

🏞 투자 사례가 경기남부에 치중된 아쉬움에 대한 변명

책이란 걸 쓰려다 보면 자연스럽게 다른 사람이 쓴 동일한 장르의 책도 훑어보게 된다. 좋은 부분은 좀 따라 해보려는 도둑놈 심보가 없었다면 거짓말이겠지만 그보다는 시중에 나온 책보다 좋은 책을 쓰고 싶은 마음이 컸다.

그런데 토지투자 관련 도서 몇 권 골라 읽어보니 도대체 저자가 투자를 실제로 해보기나 한 것인지 의문이 드는 경우가 많았다. 뜬구름 잡기식이거나 투자를 조금만 해보면 알 수 있는 내용을 무슨 대단한 노하우를 풀어놓는 듯 이야기하는 것도 있었다. 또 어떤 책은 (심지어 강의도 있었다) 자신이 한 투자가 아닌데도 버젓이 자기의 사례인 것처럼 소개하고 있었다.

나는 필수적인 공법과 이론에 더해, 내가 또는 적어도 나를 통해서 내 수강생이 낙찰받은 사례로 책을 구성하고 싶었다. 그리고 가급적이면 근거가 빈약한 가설이 아닌 실제 사례를 통해 현실적으로 이야기하고자 했고, 그래서 가능한 한 토지투자를 이해하는 데 실질적으로 도움이 되는 사례를 담고자 했다.

그러다 보니 과거 몇 년간 투자로 재미를 보았던 사례가 경기남부 지방에 편향되어 있음을 깨닫고 자책하게 되었다. 이 부분에 대한 지적으로부터 자유로울 수 없음을 인정한다.

변명을 대자면 지난 몇 년간 토지시장에서 변화가 가장 많았던 곳은 경기남부 지역이다. 지금이야 파주시와 고양시를 비롯한 경기북부가 뜨겁지만 그건 올해의 일이다. 그런 의미에서 내가 경기남부 지역에 토지투자를 집중했다는 것은 투자를 제대로 했다는 방증이 되기도 한다.

또 한편으로 이는 여러 지역을 다 알지 못해도, 특정 지역과 관련한 뉴스의 의미와 맥락을 제대로 읽어내고 관심 지역 지자체의 공고와 발표를 잘 들여다본다면 지속적인 수익을 내는 데 무리가 없다는 이야기도 된다. 사실 이론적 설명을 하면 내용이 길고 어려워 책 속에 담지 못한 투자 사례도 많은데 그중에 상당수도 여전히 경기 남부 지방의 사례다. 물론 궁색하지만 파주시 사례 한 가지도 책 속에 있긴 하다.

책에 실린 다양한 사례를 보며 토지의 가치가 상승하는 원리에 집중하고 책을 읽어주셨으면 한다. 이 책에 실린 지역이 바뀐다 한들 토지 투자의 기본 공식과 토지의 가치가 상승하는 원리가 변할 리 있겠나.

이 책의 구성

이 책은 하나부터 열까지 모두 투자 가치가 상승하는 원리에만 집중돼 있다. '공법'에 대한 이야기는 최소한으로 했다.

주변의 부동산 뉴스를 잘 읽는 방법과 어떤 건물에 대한 수요가 많아질지 그리고 어떤 땅의 가격이 올라갈 것인지를 알리는 데에 초점을 맞췄다. 이를테면 개발 호재 하나를 이야기할 때도, 어느 지역에 호재가 있어서 유망하다고 하기보다 "이 지역의 호재는 발표만 많고 실현되지 않으며 투자자를 울리기만 한다. 그런데 다른 지역의 호재는 발표 빈도는 적지만 사업 속도가 빨라 투자를 어느 특정 시점에 하는 것이 좋다"와 같은 식이다.

책을 쓰는 내내 토지에 대한 다양한 법에 대해서 깊이 있게 쓰고 사례를 소개할까 하는 생각도 있었지만 결국 마음을 접었다. 공부한 게 있으니 저자로서 우쭐대고 싶은 마음이 있었던 것도 사실이다. 하지만 독자들의 투자 실력 향상을 위해 초보 투자자의 눈높이에 맞춰 가급적 법률적인 용어 사용을 줄이고 일상의 용어로 쉽게 토지투자를 설명하려고 애썼다. 이웃집 아저씨, 아주머니에게 설명하듯 말이다.

공법과 관련한 세부적인 내용, 복잡하게 얽혀 있는 개발 행위 허가 기준, 도로에 대한 이야기 등은 토지투자에 입문한 지 얼마 안 된 입장에서는 이해하기 쉽지 않다. 시간을 가지고 실제 사례를 통해서 배워가는 게 더 낫다. 애당초 공법 지식을 교과서처럼 담지 않은 것이 잘한 일이라 생각한다.

요리 전문가 백종원 씨는 종이컵으로 계량해 간장, 고추장, 설탕만으로 충분히 맛있는 요리를 만들어낸다. 몇 가지 재료만으로 참 쉽게 맛을 내는 것 같다. 우리 집에 없는 양념으로 맛을 내는 것을 본 적이 없다. 나 역시 연례행사처럼 어쩌다 한 번 해볼까 말까 하는 방법이 아닌 평범한 간장, 고추장 같은 부동산 뉴스로 투자 포인트를 짚어내는 이야기로 이 책을 채웠다.

— 차례 —

● 추천사 004
● 들어가기 전에: 토지투자를 시작하기 위한 첫걸음 006
● 프롤로그: 부동산 경기에 신경 안 쓰고 돈 벌고 싶은 당신에게 012

1장 초보자가 토지투자를 어려워하는 이유

01 규제를 외우는 것이 문제다   027
02 올라도 못 사고 오르지 않아도 못 사고   030
03 뉴스만 잘 읽어도 절반은 성공   034
04 토지투자는 운이 따라야 성공한다?   036
05 공부법만 바꿔도 토지투자가 쉬워진다   038

2장 뉴스 분석 제대로 하기
토지투자를 쉽게 만드는 첫 번째 비결

01 공법 이야기는 치우고 뉴스부터 읽어라   045
02 뉴스 읽을 때 시행자를 염두에 둬라   047
03 뉴스 읽기부터 토지 낙찰까지 따라잡기   053
04 '택지개발지구 취소' 뉴스만 잘 읽어도 연봉이 나온다   063
05 개발 호재, 발표 시점 아닌 실현 시점에서 투자 적기를 찾아라   069
06 투자 뉴스, 누가 주도하는지 알아야 한다   078

3장 시가지가 될 비시가지를 찾아라
토지투자를 쉽게 만드는 두 번째 비결

01 개발 불능지를 사면 절대 안 된다 091
02 비시가지가 시가지가 되는 유형 097
03 계획관리지역이 일반주거지역이 되는 사례 101
04 녹지지역이 일반주거지역이 되는 사례 114
05 용도 변경이 되는 일반주거지역 119

4장 2번 타자를 노려라!
토지투자를 쉽게 만드는 세 번째 비결

01 '공포의 2번 타자'는 누구인가 133
02 1번 타자가 치고 나가면 2번 타자 차례가 반드시 온다 137
03 2번 타자는 얼마든지 많다, 2번 타자를 찾아서 143

5장 안 건강해지는 땅을 사라
토지투자를 쉽게 만드는 네 번째 비결

01 토지투자 잘못해서 뜻밖에 건강해지는 경우 151
02 토지투자하고 건강해지지 않으려면 158
03 손해나지 않는 투자하기 싫다면 164

6장	**팔리는 땅, 개발되는 땅은 따로 있다** 쉽게 배워서 바로 써먹는 토지투자의 기술	

01	빌라 지을 땅은 면적을 잘 살펴야	173
02	다가구주택을 지을 땅은 50평이어도 괜찮다	179
03	전용주거지역 투자 시 꼭 알아야 할 두 가지	186
04	택지개발지구가 들어서면 가치가 오르는 땅의 유형	196
05	택지개발지구 등장으로 가치가 오르는 개발제한구역	201
06	택지개발지구가 들어섰는데 맹지가 된 땅	211
07	이제는 소규모 개발 사업지, 도시개발구역에 관심을	217
08	같은 무게의 빵이 비싼가요? 밀가루가 비싼가요? ― 환지 방식 도시개발사업	221
09	상가투자를 알면 보이는 토지투자의 신세계 1 ― 재개발 지역 상가에 투자하기	226
10	상가투자를 알면 보이는 토지투자의 신세계 2 ― 주유소 낙찰받아 유명 커피전문점 임대인 도전하기	233

7장	**토지투자 초보자가 알아야 할 기초 상식**	

01	용도지역이 뭐길래? 땅의 연봉은 용도지역이 결정한다	243
02	지목이 대인 땅 매입 시 주의사항	247
03	도시자연공원구역과 도시계획공원의 차이점	252
04	개발이 되고 좋고 안 되어도 좋은 땅	261

● 에필로그: 토지투자자만의 여유만만 269

1장

초보자가 토지투자를
어려워하는 이유

초보자가 토지투자를 어려워하는 이유

규제를 외우는 것이 문제다

고백컨대 나에게도 토지투자는 무척이나 어려운 분야였다. 처음 토지투자에 입문할 때 토지를 전문으로 강의하는 선생님께 배웠는데, 정작 그분은 토지투자를 별로 해본 적이 없었다. 자연히 강의는 이론에 치우쳤고 실전에 사용할 기술을 얻기 힘들었다.

그러다가 직접 투자에 뛰어들고서야 실제로 사용할 만한 이론과 그렇지 않은 이론에 대해 차츰 알아가게 됐다. 이 과정에서 왜 사람들이 토지투자를 어렵게 여기는지 절실히 깨달았다.

나는 메이저 유통회사에서 부동산 점포 개발이라는 업무로 실무를 경험했고, 석사 과정에서는 부동산학을 전공하며 이론적 토대를 쌓았으며, 수많은 투자 경험을 통해 실전을 다졌다. 실무, 이론, 실전을 두루 경험하며 깨달음을 얻을 수 있었다. 옛날에 공부했던 《성문 기본영어》 방식으로 말하자면, 'a Mr. Kim(미스터 김이라는 사람)'과 'a Newton(뉴턴 같은 과학자)' 같은 'a'의 예외적인 용법은 고등학교 월말고사 이외에는 전혀 쓸모없었던 것처럼 말이다.

토지투자를 어렵게 만드는 진짜 원인은 '암기병'이다. 우리나라 교육 환경 때문인지 투자하려는 사람들도 암기식 공부부터 시작한다. 그리고 대부분이 이론, 그중에서도 규제를 외우는 데 집중한다. 물론 토지는 많은 법적 규제들로 묶여 있다. 하지만 법을 외우려 들수록 토지투자는 어렵고 멀게 느껴진다는 것을 알아야 한다.

예를 들어, 개인 소유의 산지가 있다고 해보자. 그런데 산지는 그 특성상 다른 토지에 영향을 끼치기 때문에, 사유지라고 해서 함부로 이용하면 공익에 상당한 영향을 끼칠 수 있다. 그렇다면 개인 땅을 마음대로 쓸 수 없게 하려면 어떻게 해야 할까. 일반적으로 그런 땅에는 온갖 법을 적용해 개인적인 개발을 못하게 막아놓는다. 이런 땅에 쓰인 온갖 법이 죄다 개발 행위를 막는 규제다. 그래서 일반적으로 개발이 불가능한 산지의 토지이용계획확인서를 보면 규제사항들이 줄줄이 붙어 있다.

"이렇게 규제가 많은 곳에 시가지를 조성할 계획이 있을까요?"

"이렇게 규제가 많은 곳에 도로나 학교, 공원 같은 기반 시설을 확충할 계획이 있을까요?"

"이렇게 규제가 많은 곳에 해당 지방자치단체의 인구 증가 계획이 있을까요?"

"모두 'No'라고요? 그럼 이 땅이 돈이 될까요?"

이론과 규제를 암기하는 데 매달리는 사람들이 이 질문에 대한 답을 얻을 수 있을까. 단연코 얻기 힘들다. 토지투자를 위해 알아야 할 것은 이론과 규제가 아니기 때문이다. 규제는 그냥 그런 게 있다는 정도를 아는 것만으로 충분하다. 모르는 용어가 나왔을 때는 해당 지방자치단체 관련 부서에 전화해보면 된다. 그것도 귀찮으면 포털사이트를 검색해서 찾아보면 어느 정도 이해할 수 있다.

정말 법을 몰라도 토지투자를 할 수 있다는 것일까. 그렇게 들었다면 오해다. 법을 몰라도 된다는 이야기가 아니라, 알아야 할 법은 정작 따로 있다는 이야기다.

나는 이 책에서 많고 많은 토지 관련 법들 중 실전 투자를 위해 꼭 필요한 법 조항만을 뽑아 이해하기 쉽게 풀어내려 했다. 이왕이면 다양한 사례까지 곁들여 바로 옆에서 벌어지는 듯한 생생한 투자 현장을 직접 확인하고 가슴으로 받아들이게끔 하고 싶다. 그래서 돈이 되는 이론에는 모두, 해당하는 실전 사례를 덧붙여 설명했다.

올라도 못 사고
오르지 않아도 못 사고

가끔 내 강의를 듣는 수강생에게 토지 물건을 권할 때가 있다. 똑같이 권유했음에도 수강생 중에 누군가는 물건을 사고 누군가는 포기한다. 기회가 왔음에도 번번이 투자 결정을 하지 못하는 수강생들의 답변에는 묘한 공통점이 있다.

"선생님, 오르면 올라서 못 사고, 안 오르면 안 올라서 못 사겠어요."

대체 이게 무슨 말인가.

세 명의 수강생에게 투자를 권한 토지는 지하철 착공 예정 지역에 있는 농지였다. 당시 농지 가격은 3.3㎡당 50만 원이었다. 수강생 A는 50만 원에 농지를 매입했다. 수강생 B와 C는 결정을 미뤘다. 그리고 1년쯤 지나 정말 지하철이 착공했다. 그러고 나니 해당 농지는 단번에 3.3㎡당 70만 원으로 가격이 뛰었다. B와 C는 어떻게 했을까.

수강생 B는 70만 원의 오른 가격으로 농지를 구입했다. 나는 착공 이전 농지 가격이 50만 원, 착공 시점에 70만 원이라면 공사가 완료될 즈음엔 150만 원까지 뛸 것이라고 예상했다. 지하철이 개통할 즈음에는 역을 중심으로 시가지가 형성될 가능성이 높기 때문이다. B는 나의 예측을 믿고 투자했다.

그런네 C는 이번에도 결정을 미뤘다. 50만 원이던 땅을 1년 만에 70만 원을 주고 사려니 아까운 마음이 들었기 때문이다. 부동산중개사에게 작년 가격으로 맞춰달라고 했지만 들을 리 만무하다. 어느 누가 시세보다 싸게 땅을 내놓겠는가. 물건에 문제가 있거나 급히 재산을 처분해야만 하는 긴급한 상황이 아니고서는 누구든 제값을 받고 싶어 한다.

결국 C는 가격 조정이 되지 않자 투자를 미뤘다. 토지투자를 하다 보니 C와 같은 사람이 대다수라는 것을 알게 됐다. 그들은 '올해에 작년 가격'으로 사려고 덤비기 때문에 투자를 잘하지 못한다.

경매가 아닌 이상 한참 가치가 오르는 지역에서 '작년 가격으로 올해에 물건을 산다'는 것은 현실적으로 어려운 일이다. 그런데도 사람들은 C처럼 별 소용도 없는 말을 부동산중개사에게 건네곤 한다.

"혹시 급매로 평당 50만 원(작년 착공 전의 가격)으로 나온 매물이 있으면 연락 좀 주세요."

과연 연락이 올까. 오지 않는다. 그런 매물이 있지도 않거니와, 있다 해도 당신에게 돌아갈 행운은 없다고 봐야 한다.

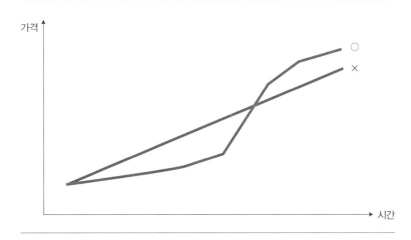

가격

○

×

시간

반대의 경우도 생각해보자. 일정 시점이 지나도 땅값에 변화가 없다면 어떨까. 투자를 못 하는 사람들은 가격이 오르지 않았다는 것을 이유로 투자를 접어버리기 일쑤다. 앞으로도 가격에 변화가 없을 것이라고 단정 짓기 때문이다. "가격이 올라도 못 사고 오르지 않아도 못 산다"는 말이 딱 맞는 상황이다.

호재가 있는 지역의 토지 가격은 결코 정비례로 상승하지 않는다. 그래프로 나타내자면 위의 〈도표 1-1〉과 같다.

호재가 있는 지역의 토지일지라도 땅값이 바로 상승하지 않는 경우가 많다. 그러다가 한참 지난 후 호재가 가시화되면 조금 오르고, 그 호재의 실현이 임박했을 때 실수요자(또는 개발업자)가 늘어나면서 급격하게 오른다. 몇 단계에 걸쳐 어느 수준까지 가격이 오르면 상승폭은 둔화되고 보합세를 유지하는 것이 일반적인 패턴이다.

특히 대다수 호재가 있는 지역의 토지는 2~3년 만에 10년간 오를 부동산 가격의 80%가량이 오른다. 따라서 투자 시 가격이 오르는 시점을 잘 파악하는 것이 중요하다.

개별공시지가가 오르듯, 호재 지역의 토지가 매년 꾸준히 일정한 비율로 상승할 것이라고 예상한다면 오판이다. 호재가 있는 지역의 토지 가격은 일정한 상승률을 보이지 않는다는 점을 명심하자.

요약하자면 개발 호재 지역의 토지 가격은 상승하지만, 기간에 따른 상승폭은 일정하지 않다. 투자자는 이 사실을 기억해야 "가격이 올라도 못 사고 오르지 않아도 못 산다"는 '투자 결정장애'에서 벗어날 수 있다.

뉴스만 잘 읽어도
절반은 성공

왜 사람들은 토지투자를 어려워할까. 정답을 먼저 말하자면, 투자할 가치가 있는 땅이 무엇인지 모르고 언제 투자해야 할지 판단하지 못하기 때문이다.

실제 토지투자에 나섰다가 실패한 사람들에게 흔히 듣는 말이 있다.

"개발한다고 해서 땅을 샀는데, 내 땅만 빼고 개발하더군."

내 땅만 빼고 개발하다니, 한마디로 번지수를 잘못 찾은 것이다. 그 사람은 개발 불능지를 샀다고 보면 된다. 개발지 주변에 개발할 수 있는 개발 가능지를 샀어야 했는데, 그만 보전해야 할 땅을 산 것이다.

"내 땅만 빼고 개발하더라" 말고 토지투자에 나섰다가 실패한 사람들에게 더 흔하게 듣는 말은 바로 이거다.

"당장 개발할 것 같더니 한없이 미뤄지더군."

어떤 지역을 개발한다는 뉴스를 보고 땅을 구입했는데, 뉴스대로 개발이 진행되지 않고 무산되는 것이다. 개발이 철회되거나 지연된 후에는 땅을 싸게 되팔려고 해도 사려는 사람이 나타나지 않아 투자금이 묶인다.

이런 일을 한두 번 겪고 나면 투자 의욕이 사라지기 마련이다. 이 때부터는 어디 토지를 개발한다는 소식이 들리면 먼 나라 이야기처럼 들린다.

"어휴, 거기 개발해야 하는 거지. 어찌 알겠어."

그렇다고 개발이 진행된 다음 그 땅을 사면 어떨까. 이미 땅값이 올랐기 때문에 투자 가치가 없다.

그럼 어떻게 해야 개발 여부를 제대로 파악해서 토지투자에 성공할 수 있는 것일까. 그 해법을 알려주기 위해 이 책을 썼다고 해도 과언이 아니다. 해법은 바로 '뉴스를 읽는 안목'에 있다.

토지투자는 부동산 뉴스를 잘만 읽어도 절반은 성공하고, 또 나머지 절반의 성공도 분명히 이룰 수 있다. 나 역시 지금껏 뉴스를 읽고 투자를 해왔고 실패한 적이 없으니 한번 믿어보시라.

토지투자는
운이 따라야 성공한다?

"투자로 돈을 벌려면, 그것도 토지투자로 돈을 벌려면 상당한 운이 따라야 한다."

지인 중에 이렇게 말하는 이가 있다. 그가 언젠가 호재 지역의 부동산을 보러 다녔는데, 두 곳이 마음에 들었다고 한다. 그러나 돈이 부족했던 그는 한 곳에만 투자하고, 다른 한 곳은 주변인에게 권했다.

그런데 그가 투자한 곳은 호재 실현이 더뎠고, 주변인이 투자한 곳은 얼마 안 가 큰 수익을 거두게 됐다. 물어보나 마나 지인은 두 곳 중 더 낫다고 판단한 물건에 투자했을 것이고, 그다음 물건을 주변인에게 권했을 것이다. 당연한 일이다.

그런데 무엇이 문제였을까. 이 경우는 뉴스를 제대로 읽어내는 안목이 없었기 때문에 투자에 어려움을 겪은 사례라고 할 수 있다.

지인이 투자한 곳은 경기도 화성시로, 유니버설 스튜디오 유치를 비롯한 굵직굵직한 호재가 있던 지역 인근의 농지였다. 하지만 이후 유니버설 스튜디오 유치가 무산되는 바람에 결국 별 재미를 못 보고 토지를 매각했다. 그는 그동안 아파트 가격이 얼마나 올랐는지를 생각하면 속이 상해 잠을 못 이룰 지경이라는 푸념을 쏟아냈다.

반면 그가 주변인에게 권한 다른 토지는 물류산업단지가 들어선다는 말이 좀 있던 곳이었는데, 별 문제없이 기업을 유치하고 금세 물류센터를 가동했다. 그래서 해당 토지를 어렵지 않게 되팔아 수익을 낼 수 있었다.

유니버설 스튜디오 같은 테마파크든, 물류센터 같은 산업단지든 대규모 개발 사업은 투자 적기를 제대로 판단하는 것이 특히 중요하다. 언제 투자에 뛰어드는가에 투자의 성패가 달려 있기 때문이다.

투자 적기를 판단하려면 공부해야 한다. 다른 공부가 아닌 뉴스를 제대로 읽는 공부가 필요하다. 대규모 개발 사업은 사업의 주체(시행자)가 정해져야 하고, 그 사업자에게 자금이 있어야 실현 가능하다. 그저 지방자치단체의 행정 계획으로만 남아 있으면서 소리만 요란한 경우라면 투자해서는 안 된다. 특히 해외 기업으로부터 몇 억 달러를 유치했다는 소식 등으로 투자자를 헷갈리게 하는 뉴스가 자주 나오는데, 신중하게 내막을 잘 들여다봐야 한다.

뉴스 제대로 읽기는 토지투자와 관련해 정말 중요한 포인트인 만큼 뒤에서 심도 있게 다루겠다.

공부법만 바꿔도
토지투자가 쉬워진다

토지투자가 어려운 이유가 하나 더 있다. 당신의 공부법에 문제가 있기 때문이다.

당신이 주택 경매를 하겠다고 마음먹었다고 하자. 그럼 두어 달 학원을 다니며 관련법과 절차 등을 익히면 된다. 주택 경매는 시세보다 싸게 낙찰받은 후 시세에 팔아 차액을 남기는 것이 투자 전략의 핵심이다. 그러다 보니 주택투자 시에는 법적 검토보다 시기와 지역에 대한 검토가 더 많은 비중을 차지한다. 물론 입찰 경쟁도 상가나 토지에 비해 높은 편이다.

반면 토지 경매는 어떨까. 일반적으로 토지 경매가 주택이나 상가에 비해 공부해야 할 법이 많다고 여긴다. 두어 달 공부해본 이들이 오히려 "토지는 공부할수록 더 모르겠다"는 말을 하기도 한다. 토지투자, 과연 어떻게 공부하고 접근해야 할까.

외국인과의 의사소통을 목적으로 영어를 공부하는 두 사람이 있다고 가정해보자. 한 사람은 배운 내용을 그때그때 외국인과 대화하며 활용하겠다는 계획을, 또 한 사람은 우선 공부를 다 마친 후 외국인과 실컷 대화하겠다는 계획을 가지고 있다. 둘 중 누가 더 실력이 빨리 늘겠는가. 예상한 답이 맞다. 전자가 실력 향상 속도도 빠르고, 실전에 더 강할 수밖에 없다.

토지투자 공부도 마찬가지다. 대부분 공법에 대한 전체적인 공부를 한 후에 실전에 나서겠다고 한다. 법은 크게 사법(민법 포함)과 공법으로 나뉘는데, 부동산과 관련된 법을 공부하다 보면 사법과 공법에 대해 비중 있게 다루게 된다. 사법이 개인과 개인 간에 필요한 법이라면 공법은 국가와 개인 간의 법이다. 이를테면 개인 간에 매매계약을 체결한 A 필지의 땅을, 잔금 지급과 동시에 넘겨주는 것은 사법의 영역에 해당한다. 이후 매수한 자가 해당 필지에서 '건축허가를 받아 일정 크기와 용도의 건물을 짓는 것'은 공법의 영역에 해당한다. 공법에 대한 최소한의 지식과 정보는 파악해야 하지만, 이를 모두 알겠다는 것은 불가능할뿐더러 효율적인 접근법이 아니다.

어느 정도 토지투자에 대한 공부에 접어들었다면 과감하게 물건을 검색하고 현장 답사를 다녀야 한다. 물건에 대해 배운 것을 토대로 시장성을 분석하고 이런저런 궁리를 하다 보면 책상머리에서 배우며 이해되지 않았던 내용이 깔끔하게 정리되는 경험을 맛보게 된다. 그리고 이 과정에서 별로 쓰임은 없고 복잡하기만 했던 내용들이 자연스레 솎아져서 꼭 알아야 할 법들만 체계적으로 정리된다.

예를 들어보자. 규제에 대해 실컷 외웠는데 현실에서는 통하지 않을 수 있는 경우다. 누군가가 보전산지에 투자하려고 한다. 참고로 산지관리법에서는 임야를 보전산지와 준보전산지로 나누고 있다. 이 중 준보전산지는 일반적인 토지와 이용에 큰 차이가 없다. 그러나 보전산지(보전산지는 다시 임업용산지와 공익용산지로 나뉜다)로 분류되면 산지관리법이 적용되어 개발이 매우 어렵다. 산지관리법에는 임야의 기울기가 25도 이상이면 산지 전용 허가를 내주지 않는 규제가 있다. 그런데 내가 투자하려는 산지는 기울기가 23도이니 괜찮다고 생각하면 오산이다. 현실에서는 기울기가 20도만 돼도 허가를 내주지 않는 지방자치단체가 있기 때문이다. '기울기 25도'를 달달 외워봤자 지방자치단체마다 조례가 달라 통과하지 못하는 경우가 허다하다. 규제를 달달 외우기보다 사례를 공부해야 하는 이유다.

토지에 대한 다양한 법을 사례로 공부해두면 법 적용에 대한 이해도 잘되고 머릿속에도 오래 남는다. 마치 책으로 영어 공부를 한 다음 날 외국인과 대화해보는 것처럼 말이다.

규제를 미리 외울 필요가 없는 이유는 또 있다. 해당 토지에 대한 규제는 토지이용계획확인서에서 모두 확인할 수 있다. 아주 편리한 세상이다. 토지이용계획확인서는 인터넷을 통해 누구나 확인할 수 있다.

확인서에 '보전'이라는 단어가 나오면 일단 물러나야 한다. 대체로 개발이 어려운 토지는 보전산지로 분류돼 있는데, 보전이라는 단어가 주는 어감대로 개발이 안 되는 임야라고 생각하면 된다. 그런 다음 현장에 직접 가보거나 포털 사이트에서 제공하는 로드뷰를 보면 주변이 휑해서 별로 투자 가치가 없는 토지라는 것을 확실히 알 수 있다.

요컨대 토지 관련 공법에 대해 A부터 Z까지 다 알려 하는 사람은 투자하기 어렵다. 자신의 성향과 자금에 맞는 투자 범위 안에서 스스로에게 잘 맞는 투자 스타일을 찾을 필요가 있다. 그렇게 좁은 범위의 공부만이라도 확실히 한 다음 그에 맞는 투자를 하고, 또 공부를 해나가야 한다. 그러면 토지에 관한 넓은 공법들이 체계를 잡을 것이다. 답사와 조사 등 실전을 병행하며 하는 공부만이 필요한 이론과 그렇지 않은 이론을 구분 짓게 해줄 뿐 아니라 쉽게 실전에 접목시킬 수 있게 해준다.

2장

뉴스 분석 제대로 하기

토지투자를 쉽게 만드는 첫 번째 비결

뉴스 분석 제대로 하기:
토지투자를 쉽게 만드는 첫 번째 비결

공법 이야기는 치우고
뉴스부터 읽어라

토지투자를 한다는 것은 어떤 땅에 투자하는 것을 말할까? 이미 시가지가 된 땅을 사는 걸까, 아니면 장래에 시가지가 될 땅을 사는 걸까? 정답은 후자다.

토지투자할 때는 두 가지만 알면 된다. 우선 장래에 시가지가 될 땅을 알아야 한다. 시가지는 그냥 되는 게 아니라 호재가 있어야 될 수 있다. 그런데 보존할 땅인지, 시가지로 개발될 땅인지 어떻게 판단할 수 있을까? 그것은 이론 공부를 통해 알 수 있다. 그래서 이론과 뉴스를 함께 공부해야 투자가 완성되는 것이다.

우리가 공부할 것은 정해졌다. 아주 쉽고 명쾌하다.

첫째, 부동산 뉴스를 읽고 이 동네가 언제 개발되는지 알아낸다.

둘째, 비시가지 중 일부를 시가지로 만들 텐데, 보존할 땅인지 개발할 땅인지 구분한다.

처음 강의를 들으러 온 수강생들에게 토지투자가 쉽다고 말하면 거의 대부분 공감하지 못한다. 그럴 만하다. 직접 사례를 보고, 분석하고, 실행해야 배운 것이 내 것이 된다.

다시 강조하지만, 절대로 규제를 공부하는 데 시간을 허비하지 말기 바란다. 토지투자를 쉽게 할 수 있는 지름길을 두고 책상머리에 앉아서 어렵고 복잡한 공법만 외워서는 제자리걸음할 수밖에 없다.

토지투자를 하고 싶다면 당장 뉴스 읽기부터 시작하라. 공법 공부는 어렵지만 뉴스 읽기는 쉽다.

다만 주식 시장의 뉴스와 부동산 시장 뉴스에는 차이가 있다. 주식 시장에는 허위 공시를 감시하는 법이 있어서, 하지도 못할 것을 두고 곧 될 것처럼 공시하지는 않는다. 이를테면 부동산 시장에서는 지방자치단체장이 나와 해외의 어떤 기업이 우리 지방자치단체 개발에 얼마를 투자하기로 했다는 소식을 전했다가 선거가 끝나면 자취를 감추는 사례가 왕왕 있는데, 주식 시장에서는 상상도 못할 일이라는 것이다. 사실 많은 가짜 부동산 개발 뉴스는 선출직인 지방자치단체장들이 해낼 재간도, 재원도 없으면서 남발해 생긴 것이 많다.

이 책을 읽다 보면 이를 분별할 수 있는 시각을 저절로 갖게 될 것이다.

뉴스 읽을 때
시행자를 염두에 둬라

이제부터 본격적으로 뉴스 읽는 법에 대해 알아보자. 구리 월드디자인센터 개발 사업 관련 뉴스를 따라가면서 나라면 어떤 뉴스가 발표된 시점에 투자할지 생각해보는 것도 좋겠다.

지금 시점은 2018년 11월이다. 다음의 뉴스를 읽어보자.

── 경기도 구리시는 오는 5~6월 대형 프로젝트인 '월드디자인센터' 조성 계획의 윤곽이 드러날 것이라고 15일 밝혔다.

월드디자인센터는 호텔이나 고급 건축물에 사용되는 실내장식, 가구, 조명, 마감재 등을 주문 생산하고 유통하는 대규모 디자인 무역센터다.

시는 2007년 말부터 토평동 한강변 338만㎡에 민자와 외자 등 6조 5

천억 원을 유치해 월드디자인센터를 건립하는 계획을 추진 중이다.

- "구리 월드디자인센터 올 상반기 윤곽", 〈연합뉴스〉, 김도윤, 2010. 02. 15.

해당 뉴스가 발행된 시점은 2010년 2월 15일이다. 구리시가 월드디자인센터를 개발하기 위해 4~5월경 사업의 타당성을 확인하고 그린벨트 변경을 결정하겠다는 뉴스다. 이 뉴스를 보고 구리월드디자인센터 주변의 땅에 투자해도 될까? 당연히 안 된다. 독자들 역시 이 정도 뉴스에는 걸려 넘어지지 않을 것이라고 확신한다.

그렇다면 다음의 뉴스는 어떨까.

—— 경기도 구리시는 오는 2015년말 준공 예정인 토평동 일대 구리월드디자인센터(GWDC) 건립을 위해 외국자본 20억 달러를 유치하는데 성공했다고 7일 밝혔다.

시는 8일 조선호텔 오키드홀에서 박영순 시장과 미국 비바 비나 앤 컨소시엄의 스티브 림 회장, K&C 고창국 대표, 미셀핀 국제유치자문단(NIAB) 의장, 곽상경 국내자문단 의장 등 100여명이 참석한 가운데 외자투자협약식(MOU)을 체결한다.

협약에 따라 미국내 섬유 · 식품 · 유통 · 투자 제조업체인 비바 비나 앤 컨소시엄은 앞으로 20억 달러의 외자를 투입해 2,000여개의 디자인 관련업체들이 입주하는 60~70층 규모의 컨벤션센터와 엑스포전시장등을 건립하게 된다.

시는 구리월드디자인센터가 호텔 등 고급 건축물에 사용될 실내장식, 가구, 조명 등 첨단 마감재를 전시 판매하는 역할을 수행하면서 차별화된 경쟁력과 새로운 성장 동력 등을 갖춘 세계적인 디자인 메카가 될 것으로 기대하고 있다.

특히 해외 유명 관련 기업 2,000여 곳이 입점해 상설전시장을 열고 디자인 엑스포를 개최해 매년 7조 원 이상의 경제적 파급효과와 11만 명의 고용 창출 효과가 있을 것으로 전망했다.

－"구리시 '월드디자인센터' 20억弗 투자 유치", 〈서울경제〉, 윤종열, 2011. 11. 07.

구리시가 미국의 한 기업과 외자투자협약식을 체결해서 20억 원의 투자금을 유치한다는 기사다. 이 무렵부터 내 주변에도 구리 월드디자인센터에 투자하는 사람이 하나둘씩 생겨났다. 그런데 MOU(Memorandum Of Understanding, 당사 간의 합의된 내용을 확인하기 위해 정식 계약 맺기 전에 우선 작성하는 문서), 의향서(계약에 앞서 참여의사를 표시하는 것) 등을 체결한다고 해서 당장 투자가 성사되는 것은 아니다.

과연 이 뉴스를 보고 투자해도 될까? 투자해서는 안 된다. 왜일까.

내가 삼성테스코홈플러스에서 점포 개발 담당자로 일하던 당시의 경험을 하나 소개하려고 한다. 안성시에서 물류단지를 개발한다고 해서 우리 회사도 그곳에 물류센터 부지를 마련했는데, 그 과정을 지켜보니 계약 체결까지의 과정이 만만치 않았다.

용지 보상이 끝난 후 안성시와 회사 사이에 실랑이가 벌어졌다. 회

사는 '진입로를 변경해달라', '지구계획단위계획 중 이런 곳을 좀 고쳐달라'는 등 다양한 요구 사항을 내놨다. 그리고 이러한 요구 사항을 안성시와 숱하게 협의한 후에서야 계약을 체결할 수 있었다.

우리나라의 회사도 이처럼 용지 보상이 다 끝난 후에야 투자를 시작한다. 아니 더 나아가, 용지 보상이 끝나고 진출입로 등의 세부적인 계획까지 완결 짓고 나서야 투자금을 건넨다. 하물며 뜬금없이 등장한 미국 회사가 용지 보상이 끝나기도 전에 투자를 결정할 리 만무하다.

2011년 11월 7일 자 뉴스를 보면 용지 보상도 안 한 상태다. 이런 시기에는 우리나라 기업도 투자를 꺼려할 터인데, 하물며 미국 기업이 투자를 한다는 것은 여러 대목에서 의심이 간다.

뉴스를 잘 들여다보면 'MOU', '의향서'와 같은 말이 나온다. 즉, 투자를 하겠다는 의미를 전달한 것이지 실제로 막대한 대금이 오간 것은 절대 아니라는 의미다. 어쩌면 정치적인 쇼일지도 모른다.

그렇다면 어떤 뉴스를 보고 투자해야 한단 말인가. 다음의 뉴스를 보자.

— 아시아허브 국제도시로 조성키로 한 부지 172만㎡ 규모의 '구리 월드디자인시티'(조감도) 개발사업이 2014년 본격 착공된다. 전체 부지 규모는 당초 예정보다 72만㎡ 가량 축소됐다.

국토해양부는 경기 구리시와 구리도시공사가 구리 토평동 일대를 친

수구역 지정 신청을 해옴에 따라 이달 7일부터 주민공람 등 행정절차에 착수한다고 6일 밝혔다. 국토부 관계자는 "주민 공람기간이 끝나는 대로 관계부처 협의와 중앙도시계획위원회와 친수구역조성 위원회 심의 등을 거쳐 내년 상반기 중 지정여부를 결정할 것"이라고 말했다.

(…) 구리 월드디자인시티에는 월드디자인센터를 비롯한 상설전시장, 인테리어 관련 기업 자족시설과 호텔, 쇼핑 등 상업시설이 조성되며 주거용지에는 공동·단독주택용지에 7000여가구가 들어설 예정이다. 구리시는 세계 2000여개 디자인 관련 업체를 유치한다는 목표를 세우고 지난달 미국에서 관련 기업 40여개사와 MOU(양해각서)를 맺기도 했다.

하지만 총 10조원이 투입되는 대규모 프로젝트여서 자금 조달여부가 관건이다. 사업비 중 3조원은 구리시와 구리도시공사가 조달하고 나머지는 SPC(특수목적법인)를 만들어 추진할 계획이다. 하지만 건설·부동산 경기 침체가 장기화되면서 민간 투자를 통한 자금조달이 쉽지 않을 것이란 게 업계의 관측이다.

－ "172만㎡ 규모 '구리월드디자인시티' 2014년 착공", 〈머니투데이〉, 김정태, 2012. 12. 06.

드디어 착공 뉴스가 나왔다. 기사를 읽어보면 착공 날짜와 규모(면적)가 정해졌다. 그리고 어떻게 개발하겠다는 내용이 담긴 구체적인 개발계획안이 나왔다. 구리시가 이렇게 세세한 계획을 마련했으니 이제는 투자해도 되지 않을까?

아니다. 아직 투자하면 안 된다. 이 기사에는 빠진 것이 있다. 사업 규모와 개발 방식 등을 담은 행정 계획은 나왔는데, 누가 사업을 하겠다는 내용이 없다. 다시 말해 사업시행자(사업의 주체)가 존재하지 않는다. 시행자는 매우 중요하다.

모든 개발 사업이 실현되려면 반드시 행정 계획과 사업시행자가 있어야 한다. 기억하자. 이것은 불변의 공식이다.

개발 사업의 실현 조건

개발 사업의 실현 조건＝행정 계획＋사업시행자

사람들을 가장 헷갈리게 만드는 뉴스가 바로 이런 종류다. 사업시행자란 돈을 내고 사업을 실현하는 주체다. 구리시는 사업시행자가 아니며, 행정 계획만 세웠다. 사업시행자 없이 행정 계획만 나온 단계에서 투자에 뛰어들었다가는 실패하기 쉽다.

지방자치단체의 행정 계획은, 진행되는 속도는 느린데 자주 언론에 노출돼 사람들을 현혹한다. 구리 월드디자인센터와 관련해 토지 투자를 하고 싶다면, 사업시행자가 결정되고 보상 계획이 세워졌을 때 투자 실행에 나서야 한다.

뉴스 읽기부터
토지 낙찰까지 따라잡기

앞에서 토자 투자는 부동산 뉴스만 잘 읽어도 절반은 성공한 셈이고, 절반의 성공 또한 분명히 성취할 수 있다고 말했다. 나 역시 뉴스를 읽고 토지투자를 실행했고 지금껏 실패한 적이 없다.

뉴스 읽기를 시작하면서부터 뉴스 검색이 즐거워졌다. 뉴스 속에 투자의 답이 있기 때문이다. 좀 더 쉽게 이해하기 위해, 개발 관련 뉴스를 읽고 두 가지 사례를 비교해서 투자 여부를 모색해보자.

오산 최초 미니 신도시 운암뜰 복합개발

2017년 8월 3일 자로 "오산 최초, 미니 신도시 운암뜰 복합개발 본격화한다"는 뉴스가 나왔다. 뉴스를 읽어보자.

— 경기 오산시의 최초 미니신도시인 '운암뜰 복합개발 사업'이 특수목
  적법인(SPC) 설립 준비와 함께 토지이용계획 마련 등 본격적인 개발
  사업에 착수했다. 오산시는 개발계획을 수립해 내년께 시공사를 선
  정하고 SPC 설립을 완료할 계획이다.

  2일 경기 오산시는 지난 오산동 176번지 일대의 약 53만㎡ 부지에
  대한 개발계획 마련에 착수했다.

  지난 5월 민간사업자인 ㈜AK C&C(부동산 개발 및 시행), ERA코리아
  리얼티(분양 및 투자유치)와 운암뜰 복합개발사업을 위한 기본협약을
  체결한 지 3개월 만의 행보다.

  시는 AK C&C 등 민간사업자와 함께 특수목적법인(SPC) 설립해 오산
  동 176 일원 53만㎡의 운암뜰을 도심 랜드마크로 개발할 예정이다.

  −"오산 최초 '미니신도시', 운암뜰 복합개발 본격화", 〈건설경제신문〉, 최지희, 2017. 08. 03.

내용을 보니 오산시가 직접 투자하는 것은 아니다. SPC를 설립하는
방법으로 투자 유치를 하겠다는 내용이다. 좀 더 자세히 읽어보자.

　민간사업자인 ㈜AK C&C 등과 기본협약을 체결했다고 하는데, 기
본 협약은 협약일 뿐이다. SPC는 내년께나 설립할 예정으로 아직 시
행자도 정해지지 않았고 누가 투자했다는 이야기도 없다. 그냥 오산
시 운암뜰을 개발하겠다는 오산시의 계획이 담긴 뉴스일 뿐이다.

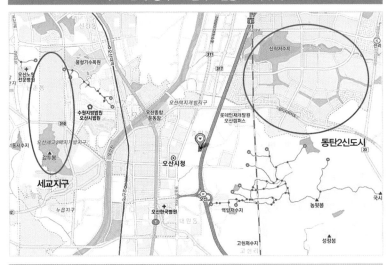

〈도표 2-1〉 경기도 오산시 오산동 176의 위치

자료: 다음 지도

뉴스를 봤으니, 이제 오산시 운암뜰이 어딘지 〈도표 2-1〉을 통해
알아보자.

오산시 복합개발 운암뜰 예정지는 오산동 176번지 일대로, 서쪽으
로 오산세교지구와 동쪽으로 동탄2신도시가 있어 입주 물량이 많다.

〈도표 2-2〉의 전자지적도를 살펴보자. 오산시 운암뜰은 일반주
거지역에 접해 있는 생산녹지지역이므로 언젠가는 개발될 땅으로
보인다.

그렇다면 위에서 본 2017년 8월 3일 자 오산시 운암뜰 개발 계획
뉴스를 보고 땅을 사면 어떻게 될까.

지금 이 뉴스에는 시행자가 없다. 그렇다고 오산시가 직접 개발하

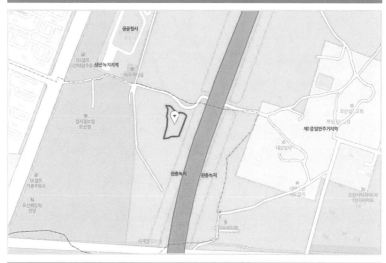

자료: 네이버 지도

겠다는 내용도 아니다. 이 뉴스의 핵심 내용은 특수목적법인을 설립할 예정이라는 것과 민간사업자를 공모하겠다는 두 가지다. 당신이라면 투자하겠는가.

2017년 8월 3일 자 뉴스가 나온 이후, 그해 12월에 다시 다음과 같은 뉴스가 나왔다.

— 경기 오산시가 민간개발 방식으로 추진하고 있는 운암뜰 도시개발 사업이 난항을 겪고 있다.

　민간개발자가 사업성이 떨어진다는 이유로 선뜻 도시개발 참여에 나서지 않고 있기 때문이다.

(…) 시는 내년 6월께 민간사업자와 함께 특수목적법인(SPC)를 설립해 운암뜰 도시개발구역 지정 및 개발계획 승인을 경기도에 요청할 계획이다.

그러나 민간개발자들이 토지 보상가격이 높아 사업성이 떨어진다는 이유로 선뜻 운암뜰 도시개발 사업에 나서지 않고 있다.

(…) 이 때문에 시는 지난 5월부터 민간투자유치 회사와 함께 운암뜰 도시개발(SPC)에 참여할 민간개발자를 찾고 있지만 성과를 못내고 있다.

앞서 경기도시공사는 오산시와 2015년 3월 운암뜰 개발 등 지역종합발전을 위한 기본협약을 체결하고 도시개발에 나섰다가 사업성이 없다는 이유로 사업참여를 포기했다.

시 관계자는 "운암뜰의 난개발을 방지하고 오산시 랜드마크적 기능을 수행할 수 있도록 개발할 계획"이라며 "그러나 토지주의 보상가격에 대한 기대심리가 높아 사업진행에 어려움을 겪고 있다"고 했다.

−"오산시 노른자 땅 '운암뜰' 개발 난항…"사업참여자 없어"", 〈뉴시스〉, 김기원, 2017. 12. 24.

"사업 참여자 없어"라는 말은 무슨 뜻일까? 그렇다. 시행자가 없다는 이야기다.

위의 뉴스에서 오산시가 운암뜰 사업을 민간개발방식으로 추진한다는 것은, 민간이 참여하면 오산시가 행정 지원을 해주겠다는 이야기다.

이 사업은 오산시의 행정 계획과 민간시행자의 등장, 이 두 가지가 갖춰져야 개발이 성사될 수 있다. 오산시가 아무리 개발 의욕에 불타올라도 결국 사업은 민간사업자가 하는 것임을 잊지 말자. 지방자치단체만 의욕이 넘치고 정작 민간사업자는 나타나지 않는 사업은 이뤄질 수 없다.

자, 이제 뉴스 좀 읽을 줄 아는 당신이라면 2017년 8월에 처음 오산시 운암뜰 뉴스를 접한다면 이렇게 반응해야 한다.

'오산시에 개발 계획이 있구나. 그렇다면 이제 민간사업자가 와야겠군.'

그리고 곧장 오산시청 개발담당과에 전화를 걸어야 한다.

"민간사업자 공모는 언제까지입니까?"

이렇게 민간사업자 신청 마감일이 언제인지 확인해야 한다.

결론적으로 사업 참여자가 없는 토지에 투자해서는 안 된다. 개발한다는 뉴스만 보고 덜컥 투자해서는 절대 안 되는 것이다.

파주희망프로젝트 산업단지

2018년 2월 20일 자 뉴스로 파주희망프로젝트 산업단지 조성 관련 뉴스가 나왔다.

── 경기도 파주시는 파주읍 봉암리, 백석리 일원 파주희망프로젝트 2~
5단계 부지에 산업단지와 도시개발사업을 유치하기 위한 민간사업
자를 공모한다고 20일 밝혔다.

파주희망프로젝트 개발사업은 행정안전부 미군공여구역법에 의한
발전종합계획, 경기북부 10개년 발전계획, 2030 파주시 도시기본계
획 등에 반영돼 있다.

이곳은 파주읍의 중심 부지로 시가 경기북부 지역의 중심도시 건설
을 위해 역점 추진하는 사업이다.

(…) 참가의향서는 다음 달 20일, 사업제안서는 오는 5월 24일까지
제출하면 된다.

–"파주희망프로젝트 산업단지·도시개발 민간사업자 모집", 〈연합뉴스〉, 노승혁, 2018. 02. 20.

이 뉴스에서 읽어야 할 내용은 세 가지다. 파주시가 민간사업시행자
를 공모한다는 내용과 참가의향서는 3월 20일까지, 사업제안서는 5
월 24일까지 제출하라는 내용이다.

이 책을 읽는 독자라면 참가의향서 제출 마감일인 지난 3월 21일
에 파주시 담당 공무원에게 전화를 걸 수 있어야 한다.

"의향서를 낸 민간사업시행자가 있습니까?"

그런 다음 다시 5월 25일에 전화해서 사업제안서 내용도 확인해야
한다.

민간사업시행자가 있고, 사업제안서 내용이 좋다면 투자 실행에

〈도표 2-3〉 2017타경 12185

소재지	경기도 파주시 월롱면 도내리 438-7 도로명주소검색							
물건종별	자동차관련시설	감정가	887,358,000원	오늘조회: 1 2주조회: 0 2주평균: 0 조회동향				
토지면적	1858㎡(562,045평)	최저가	(100%) 887,358,000원	구분	입찰기일	최저매각가격	결과	
				1차	2018-04-03	887,358,000원		
건물면적	669,5㎡(202,524평)	보증금	(10%) 88,740,000원	낙찰: 908,970,000원 (102,44%)				
매각물건	토지·건물 일괄매각	소유자	○○○	(입찰 2명 / 낙찰: - /				
				차순위금액: 901,000,000원)				
개시결정	2017-08-29	채무자	○○○	매각결정기일: 2018-04-10 -매각허가결정				
				대금지급기한: 2018-05-16				
사건명	임의경매	채권자	○○○	대금납부: 2018-05-04 / 배당기일: 2018-06-19				
				배당종결: 2018-06-19				

자료: 굿옥션

〈도표 2-4〉 파주희망프로젝트 예정 지역 전자지적도

자료: 〈파주타임스〉

나는 오를 땅만 산다

나서도 된다. 실제로 3월 21일에 담당자에게 알아봤더니 신청한 민간사업자가 다수 있었다. 그래서 실제로 낙찰받은 땅이 〈도표 2-3〉의 물건이다.

파주희망프로젝트는 갈곡천과 78번 도로 사이의 지역을 개발하겠다는 계획이다(〈도표 2-4〉). 이 지역으로 들어가는 줄기인 78번 도로는 엄청 좁은 도로여서, 훗날 프로젝트 완성에 맞추어 확장될 것으로 예상한다. 그렇게 되면 길목에 있는 계획관리지역의 땅값은 당연히 오른다.

나의 수강생이 투자한 물건은 78번 도로로 진입하는 계획관리지역이 경매로 나온 것이다. 산업단지가 조성되면 산업단지와 연결되는 국도변에 인접해 있는 계획관리지역이 인기를 누린다. 다가구주택이나 다세대주택은 물론이고 일반음식점의 허가도 가능하기 때문이다. 산업단지가 개발되기 3~5년 전에 이런 땅을 사두면, 산업단지가 들어선 다음에 땅값이 엄청나게 많이 오른다.

독자 여러분도 부동산 뉴스를 무턱대고 볼 게 아니라, 이런 원리를 갖고 볼 수 있어야 한다. 처음 볼 때는 어렵지만, 사례가 자꾸 겹치고 누적되면 익숙해진다.

사실 파주희망프로젝트는 파주 페라리월드를 조성하려고 했던 자리다. 2011년부터 페라리월드로 개발하겠다던 이곳은 2012년 행정안전부 승인을 득하고, 2013년 미국 개발업체가 참여하겠다고 했지만, 2014년 선거 후 그 계획이 완전히 무산되고 말았다.

당시 조성 소식만 듣고 투자에 나선 사람이 적지 않았다. 이렇게 부침을 겪을 때 땅을 사면 마음이 엄청 아프다. 그래서 이럴 때는 땅을 사는 게 아니다. 사업시행자 공모를 해서 사업시행자가 나타나면, 그때야 시작되는구나 생각하고 땅을 사야 하는 것이다.

이 물건 낙찰 후 잔금을 치르고 얼마 후 다음과 같은 뉴스가 나왔다. 물론 가격도 많이 올랐다.

— 접경지인 경기도 파주시가 산업단지 추가 조성을 발판으로 군사도시 이미지에서 벗어나 자족도시로 탈바꿈하고 있다.

25일 파주시에 따르면 파주시가 자족 기반 조성을 위해 추진 중인 파주희망프로젝트 등 7개 산업단지 조성사업이 성과를 내고 있다.

파주희망프로젝트 1단계 사업인 파주 센트럴밸리 일반산업단지 조성사업은 사업부지에 대한 감정평가를 마무리하고 다음 달 협의보상에 들어간다.

-"'접경지 파주 기업도시로…' 산단 7곳 추가 조성", 〈연합뉴스〉, 노승혁, 2018. 10. 25.

나는 오를 땅만 산다

'택지개발지구 취소' 뉴스만 잘 읽어도 연봉이 나온다

— 경기도 화성시 장안택지지구 사업이 개발계획 승인 시효 만료로 백지화됐다.

화성시는 장안택지지구 개발계획을 승인을 받은 LH가 3년이 경과한 지난 22일까지 실시계획 승인신청을 하지 않아 자동으로 효력을 잃게 됐다고 28일 밝혔다.

이에 따라 국토해양부는 조만간 주택심의위원회의 심의를 거쳐 개발예정지구 지정 취소를 공고하게 된다.

- "화성 장안지구 사업 백지화..개발시효 만료", 〈연합뉴스〉, 김광호, 2011. 10. 28.

'○○택지개발지구 개발 사업 취소.'

이런 뉴스도 그냥 흘려보내선 안 된다. 개발이 취소됐는데 무슨 기회냐고? 곰곰이 생각해봐라. 택지개발지구로 지정한 데는 그만한 이유가 있을 것 아닌가.

택지개발지구를 지정하는 이유는 집이 부족해서다. 그럼 집이 부족해서 택지를 지정했는데, 왜 해제하는가. 이 뉴스를 보면 택지개발지구 사업시행은 한국토지주택공사(LH)가 맡는데, LH에서 사업성(수익성)이 떨어진다고 판단해 포기한 것이다.

여기서 매우 중요한 투자 포인트가 하나 나온다. 바로 '택지개발지구는 혼자 가지 않는다'는 포인트다.

택지개발지구가 지정되면 반드시 교통이 따라온다. 도로나 철도 개발 계획을 세운다는 이야기다. 그다음에 산업단지가 따라온다. 집만 덩그러니 지어놓아서는 사람들이 들어오지 않기 때문에 교통과 일자리를 마련하는 것이다. 좀 어려운 말로 TOD(Transit Oriented Development, 대중교통지향형 개발 방식) 개발이라 하는데, 다음의 세 가지 요소가 하나의 세트로 간다는 의미다.

따라서 택지개발지구 조성 관련 뉴스가 나오면 '세 가지가 한 세트로 만들어지는구나'라고 생각하면 된다.

TOD 개발의 세 가지 요소

TOD 개발 = 택지개발지구＋교통＋산업단지

포인트를 알았으니 다시 생각을 가다듬어보자.

집이 부족해서 택지개발지구를 지정했는데 해제가 됐다. 그럼 교통과 산업단지 조성 계획도 함께 취소될까? 택지개발지구, 고속도로나 철도, 산업단지 등은 각기 사업의 시행자가 다르기 때문에 이 중 하나가 취소된다고 해도 나머지 두 가지가 덩달아 취소되진 않는다.

그럼 집이 부족해서 택지개발지구 지정했다가 취소했는데, 철도나 도로가 들어오고 산업단지도 예정대로 들어선다면 어떻게 될까? 원래 집이 부족한 동네의 도로가 좋아지고 산업단지가 들어섰으니 집은 더 부족해지지 않을까? 정말 어마어마하게 부족해질 것이다. 이것이 뉴스를 보는 순간 눈이 번쩍 뜨인 이유다.

"이 동네 가서 집 지을 땅을 사야지!"

택지개발지구 지정이 취소된 지역 인근에서는 집 지을 수 있는 땅을 노려야 한다.

앞에서 언급한 2011년 10월 28일 자 '장안택지개발지구 지정 취소' 뉴스를 보고 직접 투자한 경매 물건을 소개해보겠다. 다음의 물건은 2012년 4월에 낙찰받았다(〈도표 2-5〉).

당시 낙찰 금액은 5억 8,890만 원으로, 이 중 5억 원을 시중 은행에서 대출받기로 했다. 그렇다면 실제 투자금은 1억 원 남짓인데, 이 투자를 통해 얻을 수 있는 차익은 얼마나 될까?

투자한 땅은 제2종 일반주거지역으로, 면적은 약 366평이다. 나는 이 땅을 90평짜리 네 덩이로 봤다. 왜냐하면 살 때는 약 366평이지만, 팔 때는 빌라를 지을 땅으로 4등분 할 수 있었기 때문이다.

〈도표 2-5〉 2011타경 31224

소 재 지	경기도 화성시 우정읍 조암리 185-5 외 1필지 도로명주소검색							
물건종별	농지	감 정 가	658,116,000원	오늘조회:1 2주누적:0 2주평균:0 조회동향				
토지면적	1212㎡(366.63평)	최 저 가	(80%) 526,493,000원	구분	입찰기일	최저매각가격		결과
				1차	2011-11-04	658,116,000원		유찰
					2011-12-01	526,493,000원		변경
건물면적	-	보 증 금	(10%) 52,650,000원	2차	2012-04-10	526,493,000원		
매각물건	토지 매각	소 유 자	○○○	낙찰: 588,900,000원 (89.48%)				
				입찰: 3명 / 낙찰: - /				
개시결정	2011-07-28	채 무 자	○○○	차순위금액: 568,100,000원				
				매각결정기일: 2012-04-17 -매각허가결정				
사 건 명	강제경매	채 권 자	○○○	2012-08-03 / 0원 / 취하				
				본 사건은 취하(으)로 경매절차가 종결되었습니다.				

자료: 굿옥션

〈도표 2-6〉 경기도 화성시 우정읍 조암리 185-5의 위치와 주변 전자지적도

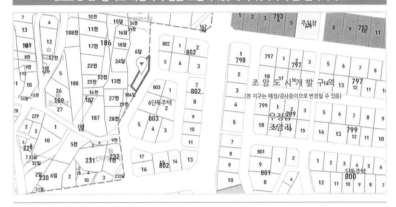

자료: 네이버 지도

나는 오를 땅만 산다

그렇다면 빌라 부지의 가격은 얼마나 할까. 당시 시세를 보니 최소 3억 원에 거래되고 있었다. 그러면 네 필지니까 총 12억 원이고, 깎아줘도 10억 원은 받을 수 있다.

입지만 봐도 좋아 보인다. 인근에 제2서해안고속도로가 공사 중이었고, 장안첨단2산업단지도 토목공사를 마무리한 후 입주할 기업을 찾고 있었다. 이른바 TOD 개발 중 교통(도로)과 산업단지의 개발이 착실히 진행되고 있던 것이다.

제2서해안고속도로와 조암택지개발지구, 산업단지를 세트로 개발하겠다는 발표 후 6년 만에 조암택지개발지구만 해제됐으니, 이제 이

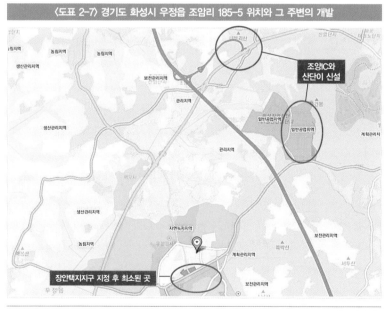

〈도표 2-7〉 경기도 화성시 우정읍 조암리 185-5 위치와 그 주변의 개발

자료: 다음 지도

지역에는 집이 부족할 수밖에 없다. 부족해도 엄청 부족해질 것이다 (《도표 2-7》). 그러니 이 땅을 5억 8,890만 원에 낙찰받아 10억 원에 팔면, 몇 년 치 연봉이 생기는 투자였던 셈이다. 그런데 정작 나는 그 낙찰을 취하했다. 소유자의 딱한 사정을 전해 듣고 취하동의서에 도장을 찍었다. 사연이 안타까운 나머지 마음을 비울 수밖에 없었다.

2015년 어느 날, 내 강의를 듣던 수강생들이 그 땅을 찾아갔다. 해당 지역 부동산에 들어가 그 땅을 12억 원에 사겠다고 했더니 그 가격에는 안 판다는 답을 듣고 돌아왔다.

당시 나는 그 땅의 소유자와 점심에 콩국수를 먹은 뒤 낙찰취하동의서에 날인해줬는데, 이를 안 수강생이 이렇게 말했다.

"선생님, 6억 원짜리 콩국수를 드셨더라고요."

"조용히 해라…."

나는 오를 땅만 산다

개발 호재, 발표 시점 아닌
실현 시점에서 투자 적기를 찾아라

어떤 저자든 책을 출간할 때 자신 있게 주장하는 내용이 있을 것이다. 다른 책과 차별화할 지점 말이다. 나에게 이 책의 어떤 부분이 다른 책과 차별화되는 지점이냐고 묻는다면 바로 지금 소개할 이 내용이라고 말하고 싶다.

투자하려는 지역의 토지라면 반드시 그 지역에 개발 호재가 있을 것이다. 그렇다면 한 번 생각해보자. 그 개발 호재가 발표되는 시점을 기준으로 발표 전에 사는 것이 좋을까, 발표 직후에 사는 것이 좋을까? 정답은 둘 다 아니다.

다음의 뉴스를 보면 2003년부터 서울 용산을 비롯해 각지에 있는 미군기지를 평택으로 이전한다는 계획이 논의되고 있음을 알 수 있다.

─ 서울 용산 미군기지의 한강이남 전체 이전 여부를 최종 결정할 것으로 예상되는 '미래 한미동맹 정책구상' 6차 회의가 다음달 15 · 16일 미국 하와이에서 열린다고 국방부가 29일 발표했다.

한-미 두 나라는 비공개로 열리는 이번 회의에서 오는 2006년까지 용산기지를 평택으로 이전하면서 주한미군사령부와 유엔군사령부를 잔류시킬 것인지 아니면 모두 이전할 것인지를 놓고 최종 입장을 조율할 것으로 알려졌다.

그동안 미국 쪽은 주한미군사 등의 잔류부지로 한국의 17만평 제의에 대해 골프연습장, 식당 등을 포함해 28만평을 고집하다가 지난 10월 서울에서 열린 한미동맹 5차회의에서 돌연 용산기지 전체의 한강이남 이전을 주장해 협상이 결렬됐다. 한국은 이후 비공개 실무접촉을 통해 잔류부지로 용산 헬기장을 포함해 20만평까지 양보하는 안을 제시했으나 미국 쪽은 냉담한 반응을 보인 것으로 전해졌다.

-"다음달 15일 주한미군 이전 최종협의", 〈한겨레〉, 김성걸, 2003. 12. 29.

미군기지를 이전하면 해당 지역의 미군 수는 당연히 늘어날 것이고, 그밖에도 미군기지 내 한국 군인이나 군무원 등의 인구도 늘어날 것이다. 인구가 늘어나면 당연히 부동산 가격은 오른다. 문제는 가격이 본격적으로 올라가는 시점이 언제인지를 알아야 한다는 것이다.

흔히 투자는 개발 호재가 일반인에게 알려지기 전에 해야 한다고 믿는다. 그러니까 개발 호재가 발표 나기 전에 사는 것이 좋다고 생각하는데, 과연 맞는 말인지 다음 사례를 통해 짚어보자.

위의 뉴스에 따르면, 2003년 말경에 평택으로 미군기지를 이전하기로 우리나라 정부와 미국 정부가 합의를 본 것으로 보인다. 뉴스에서 눈에 띄는 대목이 있다. '2006년까지 이전을 완료하기로 합의했다'는 것이다. 3년 만에 새 미군기지를 짓는다는 이야기인데, 고개가 갸우뚱해진다.

택지개발지구도 토목공사 착공 후 최소한 3년은 지나야 비로소 입주할 수 있다. 아파트를 짓는 데도 3년 남짓 걸린다. 하물며 군사기지인 미군기지를 3년 만에 뚝딱 지을 수 있을까? 게다가 반대하는 주민들이라도 있다면 어떻게 될까? 택지개발지구도 지정 이후부터 반대 시위가 시작되고 보상과 착공에 이르기까지 긴 시간이 걸린다.

미군기지는 택지개발지구보다 반대가 더 심하면 심했지 덜하지 않을 것이다. 우리나라에는 '미군'에 대해 우호적인 감정과 반대하는 감정이 양립한다. 그렇기 때문에 수용되는 토지 소유자의 반발이 다른 그 어떤 수용사업보다 거셀 것이 뻔하다.

그뿐 아니다. 넘어야 할 산이 많다. 예산 수립과 개발 규모, 개발 방식에 대한 논의도 해야 한다. 한국과 미국 정부 간의 협의를 거쳐야 하는 사안이니 쉽게 될 일이 없어 보인다. 또 아파트가 아닌 군사 기지를 짓는 것이니 공사 기간도 꽤 소요될 것으로 보인다. 여러모로 보아 미군기지 평택 이전은 2003년 말에 시작해서 2006년에 끝낼 수 없는 일이다.

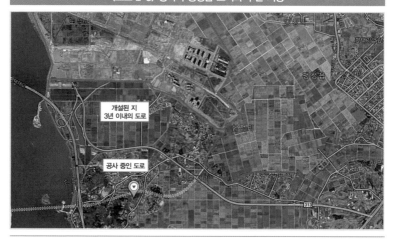

〈도표 2-8〉 평택시 팽성읍 토지와 주변 지형

개설된 지
3년 이내의 도로

공사 중인 도로

자료: 다음 지도

그런데 만약 누군가 미군기지가 이전하는 곳을 정확히 알게 돼, 그
주변에 땅값이 오를 만한 곳을 산다면 어떻게 될까.

미군기지 이전에 맞춰 가격이 오를 토지를 2003년 말경에 사뒀다
고 가정하고 다음의 사례를 살펴보자. 〈도표 2-9〉는 2013년 10월 21
일에 나와 내 사촌형이 공동명의로 낙찰받은 경매 물건이다.

〈도표 2-8〉은 2013년 경매 진행 당시의 항공사진이다. 파란색 선
으로 표시한, 논으로 보이는 곳이 과거부터 있던 미국육군부대 자리
다. 군사 보안상의 이유로 논인 것처럼 표시돼 있다. 그 옆에 빨간색
선으로 표시한 지역이 미군부대가 들어오기로 해서 공사가 진행 중
인 곳이다. 경매 물건은 미군부대 아래 붉은색 화살표가 가리키는 곳
에 있다.

나는 오를 땅만 산다

이제 와서 보면 상당히 우량한 물건으로 보인다. 그러나 2003년 말, 평택으로 미군기지를 이전하겠다는 발표 이후 이 지역에 얼마나 많은 부침이 있었는지를 안다면 그런 말이 쉽게 나오지 않을 것이다. 이 지역은 정말 많은 투자자가 눈물을 흘렸던 곳이다.

예상대로 평택 미군기지 이전 사업은 두 차례나 연기 발표가 났다. 2006년에는 2011년까지, 그리고 2011년 무렵에는 2016년까지 완료하겠다고 발표했다. 두 차례 연기 발표가 나면서 실망한 투자자들의 매물이 나오기 시작했다. 그래서 당시 평택 미군기지 이전지 주변에 땅을 산다고 하면 다들 손사래 치며 말렸던 기억이 난다.

〈도표 2-9〉 2013타경 3369

소재지	경기도 평택시 팽성읍 노양리 124-3 외 1필지 도로명주소검색						
물건종별	농지	감정가	507,576,000원	오늘조회:1 2주누적:1 2주평균:0 조회동향			
토지면적	3236㎡(978.89평)	최저가	(51%) 259,879,000원	구분	입찰기일	최저매각가격	결과
				1차	2013-07-01	507,576,000원	유찰
				2차	2013-07-12	406,061,000원	유찰
건물면적	-	보증금	(10%) 25,990,000원	3차	2013-09-16	324,849,000원	유찰
				4차	2013-10-21	259,879,000원	
매각물건	토지 매각	소유자	○○○	낙찰: 318,800,000원 (62.81%)			
				입찰: 8명 / 낙찰: - / 차순위금액: 300,100,000원			
개시결정	2013-03-07	채무자	○○○	매각결정기일: 2013-10-28 -매각허가결정			
				대금지급기한: 2013-12-03			
사건명	임의경매	채권자	○○○	대금납부: 2013-11-06 / 배당기일: 2013-12-18			
				배당종결: 2013-12-18			

자료: 굿옥션

나는 2013년에 답사를 나섰다. 모두가 실망하고 손사래를 치는 사이, 그곳은 너무도 달라져 있었다. 미군부대 내 학교와 병원 등의 시설이 지어지고 있는 것이 부대 밖에서도 보였다. 미군부대로 드나드는 도로도 완성돼 있었다. 또 화성, 평택 간 고속도로의 국도 구간 공사가 이제 막 시작된 상태였다. 미군부대 이전을 위한 막바지 공사 단계에 이르러 있었다.

이 정도면 더 늦춰질 이유가 없다는 판단이 섰다. 지도상에 다 표시하지 못했지만 초등학교 주변의 도로 등 골목길까지 확충하는 사업이 활발히 진행되고 있었다(〈도표 2-8〉).

개발 현장은 진척되어 가는데, 시장 분위기는 냉랭했다. 경매에서 낙찰받은 물건을 얼마에 되팔 수 있을지 묻기 위해 주변 부동산중개업소를 방문했지만 답을 듣지 못했다. 시종일관 "매물이 많다"는 말뿐이었다.

하지만 나는 아무도 관심을 갖지 않을 때 싸게 사뒀다가, 미군기지가 다 지어질 무렵에 되팔면 거래도 늘고 가격도 오를 것이 분명하다고 확신했다.

독자 여러분도 반드시 기억해야 한다. 개발 호재가 발표된 시점에 투자 시기를 찾으면 실패한다. 개발 호재가 실현되는 시점에 투자 시기를 찾아야 성공한다. 미군기지 이전 발표가 난 시점에서 투자 시기를 저울질하면 실패할 확률이 높다. 미군기지 이전이 완료되는 시점을 앞두고 투자 시기를 저울질해야 성공할 수 있다.

〈도표 2-10〉 등기사항전부증명서

등기사항전부증명서(말소사항 포함) - 토지

[토지] 경기도 평택시 팽성읍 노양리 123-2

고유번호 1313-1996-030927

【 표 제 부 】 (토지의 표시)					
표시번호	접 수	소 재 지 번	지 목	면 적	등기원인 및 기타사항
1 (전 2)	1999년9월18일	경기도 평택시 팽성읍 노양리 123-2	답	1894㎡	
					부동산등기법 제177조의 6 제1항의 규정에 의하여 2000년 09월 07일 전산이기

【 갑 구 】 (소유권에 관한 사항)				
순위번호	등 기 목 적	접 수	등 기 원 인	권 리 자 및 기 타 사 항
1 (전 1)	소유권이전	1971년12월31일 제20652호	1971년12월29일 매매	소유자 이유녕 평택군 팽성읍 본정리 302
				부동산등기법 제177조의 6 제1항의 규정에 의하여 2000년 09월 07일 전산이기
2	소유권이전	2003년11월11일 제56264호	2003년10월31일 매매	

그렇다면 개발 호재가 실현되기 얼마 전에 투자해야 할까? 일반적으로 개발 호재가 실현되기 1~2년 전에 가격이 가장 많이 오른다. 이즈음에 개발업자들이 물건을 많이 찾기 때문이다.

우리는 개발업자보다 2~3년 전에 투자해야 한다. 결론적으로 개발 호재가 실현(완성)되기 3~5년 전이 투자의 적기다.

투자의 적기를 잘 찾았다면 그다음에는 개발 호재와 연관이 있는 물건을 매입해야 한다. 엉뚱한 물건을 매입했다가 '내 땅만 쏙 빼놓고 개발' 되는 황당한 상황을 겪게 된다.

내가 선택한 곳은 미군기지 앞에 위치한 농지다. 미군이나 군무원이 입주하는 임대주택(렌트하우스)을 짓기에 알맞은 위치와 규모의 물건이다.

이 토지의 종전 소유자는 〈도표 2-10〉에서 보듯 2003년 말경에 토지를 매입했다. 그는 호재가 발표되던 시기에 투자 시점을 찾았던 것으로 보인다. 그런데 2006년경 차액을 남기고 팔 계획이었지만, 뜻대로 되지 않은 것이다.

낙찰받은 후 전 소유자 측 인사를 만나 알게 된 사실인데, 이들은 여러 명이 공동 투자해서 이 땅을 매입했다고 한다. 하지만 미군기지 이전 사업이 처음 발표처럼 진행되지 않자 불협화음이 생겨나고 이로 인해 땅을 경매에 부쳤던 것이다. 10년을 기다려도 개발이 연기된다는 소식만 들려오니 더 기다리지 못하고 경매에 넘긴 땅을 내가 낙찰받은 것이다.

개발 호재에 따라 발표만 무성하고 속도가 느린 사업이 있는가 하면, 발표 빈도는 적지만 속도가 매우 빠른 사업도 있다. 이 두 사업의 특징은 다음 장에서 비교하겠지만, 확실한 것은 두 사업 모두 실현되기 3~5년 전에 토지를 사놓으면 절대 실패하지 않는다는 것이다.

한편 나에게서 이 땅을 매수한 분은 이곳에 미군기지 근무자들이 거주할 렌트하우스로 지어 분양했다(〈도표 2-11〉). 분양에 성공해서 나보다 더 큰 수익을 냈을 것으로 생각되는데, 그건 오롯이 그분의 몫이다. 아이고, 배야….

자료: 다음 지도

투자 뉴스,
누가 주도하는지 알아야 한다

투자 관련 뉴스를 읽을 때는 주도자가 누구인지 잘 파악하는 게 중요하다. 주도자에 따라 개발 속도가 달라지기 때문이다. 투자 뉴스 주도자는 크게 두 부류다. 하나는 공공기관이고, 다른 하나는 민간기업이다.

만약 강원도, 구리시 같은 지방자치단체에서 주도하는 개발 사업이라면 어떨까. 언론 발표 노출 빈도는 굉장히 많지만 추진 속도는 엄청 느리다고 보면 된다.

왜 그런 것일까. 쉽게 말해 어느 지방자치단체장이든 재선을 바라며 사업도 많이 만들고 홍보도 많이 할 것이다. 안 들으려고 해도 귀가 따갑게 들려오는 게 지방자치단체의 개발 소식이다. 그런데 소리만 요란할 뿐 진척은 더디다.

공공기관이 발표하고 주도하는 뉴스를 볼 때에는 시간의 속도를

〈도표 2-12〉 투자를 주도하는 주체에 따른 사업 속도와 발표 빈도의 차이		
사업 주도	사업 속도	발표 빈도
공공	느리다	많다
민간	빠르다	적다

늦춰야 한다. 당장 내년에 착공할 것처럼 떠들면 '3년 뒤에나 착공되겠군' 하고 생각해야 한다. 선거철에는 더 주의해야 한다. 마구 쏟아내는 선심성 공약에 휘둘려서는 안 된다.

반면 민간사업자가 주도하는 투자는 다르다. 더 정확히 말하자면 민간사업자가 돈을 투자한 사업은 공공이 주도하는 사업과 완전히 다르다. 속도는 빠르지만 언론에는 잘 노출되지 않는다. 민간기업 입장에서는 굳이 자신들의 사업을 동네방네 떠들 이유가 없기 때문이다.

누가 투자 뉴스를 주도하는가에 따라 어떤 차이가 있는지 실제 사례를 통해 알아보자. 2012년 10월 무렵, 다음의 두 뉴스를 분석해서 토지투자처를 물색한 사례다.

— 평택시 지제동 지제역에 KTX 환승역이 들어선다. 이에 따라 오는 2015년부터 평택, 화성시 서부, 안성, 군포, 의왕, 오산 등 경기 남부 지역 주민 250만명이 KTX를 직접 탈 수 있게 됐다. 지제역은 현재 전철만 정차하고 있다.

국토해양부(장관 권도엽)는 2014년 완공목표로 추진 중인 수도권고속철도 수서-평택 건설사업에 평택시 지제역을 추가 건설해 경부선 전철을 이용하는 인근지역 승객들이 지제역에서 KTX로 환승할 수 있도록 할 계획이라고 14일 밝혔다.

- "KTX 환승역 지제역사 신설", 〈뉴스1〉, 김민구, 2012. 02. 13.

먼저 2012년 2월, 평택시 지제동 지제역에 KTX 환승역이 들어선다는 뉴스가 나왔다. 국토교통부장관이 2014년 완공을 목표로 추진 중인 SRT(수도권고속철도) 수서-평택 건설 사업에 평택시 지제역을 추가 건설하기로 결정했다는 뉴스다.

이 뉴스를 보면 두 가지 걱정이 생긴다.

첫째, 진짜로 평택에 KTX가 정차할 것인가.

둘째, 뉴스에서 완공 목표라고 하는 2014년에 정말 개통할 것인가.

두 가지 의문을 풀어보자.

먼저 이 계획의 주도자가 누구인지 파악해야 한다. 주도자는 국토교통부다. 국토교통부가 철도를 개통하겠다고 발표하고 나서 철회한 일이 있었던가. 개통이 다소 늦어진 경우는 있었지만 역 위치가 변경되거나 발표 내용이 번복되는 경우는 없었다. 역 위치를 옮기거나 개발 계획을 해제하면 해당 동네 주민들의 민원에 고생할 게 뻔하니 번복은 불가능하다. 일단 첫 번째 의문이 풀렸다. 투자 주도자가 국토교통부이므로, 평택 지제역에 KTX 환승역이 만들어진다는 사실은 분명해졌다.

두 번째 의문이 남았다. 과연 계획된 시기에 개통될 것인가. 혹시 연기라도 되지 않을까.

나는 오를 땅만 산다

그런데 지제역 KTX 환승역 개통은 늦어질 이유가 없다. 2012년 당시 지제역은 SRT 노선 개통을 위해 용지 보상과 필지 분할까지 완료한 상태였다. 용지 보상이 완료됐다는 것은 착공한 것이나 다름없다. 보상금을 다시 돌려받을 수는 없는 노릇이기 때문이다. 이 뉴스는 그간 고덕신도시 인근의 지제역에 정차를 할 것인가, 말 것인가에 대한 결정이라고 보면 된다. 따라서 두 번째 의문도 풀렸다. 지제역 KTX 개통은 계획보다 늦어질 이유가 없다.

이렇게 뉴스만 잘 읽으면 쉽게 의문이 풀리고, 투자를 결정할 수 있다.

두 번째 뉴스도 살펴보자. 다음은 평택시 고덕산업단지에 삼성전자가 입주를 결정했다는 뉴스다. 용지 분양 계약을 체결했다는 것은 계약금이 전달됐다는 이야기다.

—— 삼성전자의 경기 평택 고덕산업단지 입주가 확정됐다. 삼성전자는 산단 조성이 완료되는 2015년 말부터 100조원 이상을 투자한다. 도와 삼성전자는 31일 서울 삼성전자 본사에서 김문수 도지사와 윤화섭 도의회 의장, 권오현 삼성전자 대표이사 부회장 등이 참석한 가운데 고덕산단 분양계약을 체결했다.

-"삼성, 평택 고덕 입주 확정…투자액 최소 100조", 〈뉴시스〉, 유명식, 2012. 07. 31.

여기서도 주도자 파악이 중요하다. 고덕산업단지에의 삼성 입주는 누

〈도표 2-13〉 2011타경 15757

소재지	경기도 평택시 지제동 673-2 외 2필지 도로명주소검색							
물건종별	공장	감정가	1,304,691,260원		오늘조회:1 2주누적:2 2주평균:0 조회동향			
토지면적	1515㎡(458.287평)	최저가	(64%) 835,002,000원	구분	입찰기일	최저매각가격	결과	
					2012-08-06	1,400,091,260원	변경	
				1차	2012-08-06	1,304,691,260원	유찰	
건물면적	1215.7㎡(367.749평)	보증금	(10%) 83,510,000원	2차	2012-09-10	1,043,753,000원	유찰	
				3차	2012-10-22	835,002,000원		
매각물건	토지·건물 일괄매각	소유자	ㅇㅇㅇ	낙찰: 958,000,000원 (73.43%)				
				입찰: 2명 / 낙찰: - / 차순위금액: 853,890,000원				
개시결정	2011-11-11	채무자	ㅇㅇㅇ	매각결정기일: 2012-10-29 -매각허가결정				
				대금지급기한: 2012-11-29				
사건명	임의경매	채권자	ㅇㅇㅇ	대금납부: 2012-12-28 / 배당기일: 2013-02-06				
				배당종결: 2013-02-06				

※ 매각토지, 건물현황(감정원: 정수감정평가 / **가격시점: 2011. 12. 14** / 보존등기일: 2002. 06. 07)

목록	지번	용도/구조/면적/토지이용계획	㎡당 단가	감정가
1	지제동 673-2	계획관리지역, 하천구역, 토지거래계약에관한허가구역 계획관리지역, 종로3류(접함),	공장용지 1124㎡ (340.01평) 대 391㎡	500,000원	562,000,000원
2	지제동 673-3	하천구역, 토지거래계약에관한 허가구역	(118.278평)	450,000원	175,950,000원

자료: 굿옥션

가 주도하는 것인가. 바로 민간기업인 삼성이다. 당신이 만약 삼성전자의 회장이라면 저녁 뉴스에 "고덕신도시에 산업단지를 조성 중인 삼성전자"라는 헤드라인이 나오는 것을 원치 않을 것이다. 일반인이라면 뉴스에 이런 소식이 잘 나오지 않아서 모르고 지나가기도 하지만, 그러는 사이 기업들은 수십 조 원대의 공장을 조용히 만들어버린다.

민간이 주도하는 개발 뉴스는 노출 빈도가 적은 대신 속도는 매우 빠르다는 점을 기억하자. 삼성전자 고덕산업단지 입주 뉴스 역시 발표 시점은 2012년 7월 말이었는데, 공장 가동은 5년 만인 2017년에 시작됐다.

따라서 민간이 주도하는 개발 뉴스는, 민간이 투자했다는 뉴스 발표 직후 곧장 투자에 들어가도 된다. 삼성전자가 계약을 체결하고 계약금을 지불했는지 확인하면 된다. 그렇다고 삼성전자에 직접 전화하지는 마라. 답해주지 않을 게 뻔하다. 이럴 때는 산업단지에서 용지를 분양하는 LH 경기지역본부로 연락하면 된다.

나 역시 위의 뉴스를 본 후 LH에 전화를 걸어 삼성전자의 계약금이 지불됐다는 사실을 확인하고 곧바로 〈도표 2-13〉의 물건에 투자했다.

다음의 토지는 삼성전자 입주 예정지에서 멀지 않다. 보통 대기업 거래처는 본사와 가까운 부지에 사업지를 마련한다. 2011년 12월에 감정한 땅이므로, 2012년 2월(KTX 환승역 발표)과 2012년 7월(삼성전자 투자 발표)의 호재가 반영되지 않은 가격이다. 그러니 차익을 얻기 적당한 땅이다.

삼성전자가 들어오면 그 주변에 협력업체도 들어와야 한다. 토지 투자란 그런 것을 지을 수 있는 땅을 사는 것이다.

당시 물건이 위치한 주변의 스카이뷰를 확인하면 〈도표 2-15〉처럼 도로를 만들고 있는 것을 알 수 있다. 또한 이미 토지가 분할돼 있

자료: 다음 지도

고, SRT 사업으로 지제역은 이미 보상이 끝나 분필(등기부에 한 필로 되어 있는 토지를 여러 필로 나눔)돼 있다.

당시 물건의 로드뷰를 열어보니 허허 벌판이나 다름없는 광활한 농지였다. 그런데 좀 더 자세히 살펴보면 농지 사이로 넓은 도로가 반듯하게 조성돼 있었다는 것을 알 수 있다(〈도표 2-15〉).

왜 이렇게 넓은 도로를 만들었을까. 이 도로를 따라 끝까지 가봤더니 창고 한 채가 나왔다. 이 창고의 주인이 돈이 많아서 전용도로를 낸 걸까. 그럴 리 없다.

당장 평택시 도로계획과로 달려갔다. 도로계획과에 들어섰더니 담당 공무원 책상 위에 지제역 주변 광역교통망 개발 계획 지도가 펼쳐

나는 오를 땅만 산다

〈도표 2-15〉 경기도 평택시 지제동 주변 스카이뷰

자료: 다음 지도

〈도표 2-16〉 고덕신도시 광역도로 조기집행 확정도면(2013년 1월 중순 발표)

져 있었다. 공무원은 "계획이 확정됐다"는 답변을 줬다(〈도표 2-16〉).

이 토지는 2012년 12월 28일에 잔금을 치루고, 2013년 1월 3일에 되팔았다. 흔히 토지가 장기 보유 상품이라고들 한다. 그런데 단 6일 만에 수익을 낸 위 사례를 보고도 그런 이야기를 할 수 있을까. 나는 토지투자가 장기 투자이고, 주택 투자보다 어렵다는 말에 전혀 동의하지 않는다.

요약하자면 뉴스 주도자를 잘 파악하면 토지투자가 한결 쉬워진다. 평택을 달군 두 가지 뉴스를 검색하면서 뉴스 주도자가 공공사업자인지 민간사업자인지 따른 차이를 살펴봤다. 이 과정이 어렵게 느껴진다면 내가 걸어왔던 과정을 그대로 두세 번 따라하면 좋겠다. 직접 뉴스를 검색하고 투자 물건의 주소지를 넣어 2012년 당시와 현재의 로드뷰 등을 비교해보면 좀 더 쉽게 이해될 것이다.

〈도표 2-17〉 지제동 공장 낙찰 사례 분석	
일자	발표된 뉴스
2012년 2월	지제역 KTX 정차
2012년 7월	고덕신도시 삼성전자 투자
2012년 10월 22일	낙찰
2012년 12월 29일	잔금
2013년 1월 3일	매도

23	24	25	26	27	28 잔금	29
30	31	1 ⟹ 총 6일 보유	2	3 매도	4	5

출발선이 뒤에 있다면 좀 더 빨리 뛰는 것이 유일한 해법이라 생각했다.
그것이 공부였고, 주택 경기와 무관하게 수익을 낼 수 있는
'토지투자'에 문을 두드린 계기였다.

3장

시가지가 될
비시가지를 찾아라

토지투자를 쉽게 만드는 두 번째 비결

시가지가 될 비시가지를 찾아라:
토지투자를 쉽게 만드는 두 번째 비결

개발 불능지를 사면
절대 안 된다

토지투자를 쉽게 만드는 첫 번째 비결에서 토지 개발 뉴스를 제대로 읽는 법에 대해 다뤘다. 뉴스 분석은 투자에 나서기 전 필요한 준비 운동, 즉 워밍업에 해당된다.

지금부터는 토지투자 실전에 필요한 기본기를 닦으려 한다. 여기서 강조하는 토지투자의 기본은 간단하다. 지금은 비시가지이지만 향후에 시가지가 될, 될성부른 땅에 돈을 묻어두고 돈이 불 때까지 기다리는 것이다. 그래야 소액으로 투자할 수 있고, 단기간에 되팔 수 있고, 확실한 수익도 얻을 수 있다.

이제 토지투자를 할 때 투자할 땅이 시가지가 될 가능성이 있는지만 판단하면 되겠다. 판단의 근거는 뉴스와 약간의 공법 속에 담겨 있다. 그렇기 때문에 앞서 긴 페이지에 걸쳐 뉴스 제대로 읽는 법에

〈도표 3-1〉 토지투자의 핵심		
토지투자란? - 시가지가 될 비시가지를 찾는 것		
가능성 있는 비시가지	→	시가지
관심 가질 용도지역·용도지구 등 생산녹지 자연녹지 생산관리 계획관리 취락지구 주거개발진흥지구 개발제한구역	택지개발촉진법 도시개발법 도정법(재개발 등) 지구단위계획 용도지역의 상향 규제완화/해지 기타를 거쳐서… + 뉴스 해석할 수 있어야	용도지역상 주거지역 상업지역 공업지역 으로 변경

대해 소개한 것이다.

토지 개발 뉴스가 뜨면 개발 핵심 지역을 찾고, 핵심 지역에서 뻗어나가는 지역 중 개발 가능한 땅을 골라야 한다. 이보다 더 쉽고 간단한 투자법이 어디 있겠는가. 다만 반드시 개발이 가능한 땅을 골라야 한다.

실제로 호재 지역을 찾아가서 개발이 불가능한 땅을 사서 곤혹을 겪는 투자자들이 적지 않다. 다음의 사례가 그런 경우다(〈도표 3-2〉).

2017년 12월 20일에 국토교통부가 수서역세권 지구계획안을 승인했다는 뉴스가 나왔다.

나는 오를 땅만 산다

〈도표 3-2〉 2016타경 12176

소재지	서울특별시 강남구 자곡동 산8-12 도로명주소검색						
물건종별	임야	감정가	218,400,000원	\multicolumn{4}{c}{오늘조회:1 2주누적:1 2주평균:0 조회동향}
토지면적	840㎡(254.1평)	최저가	(100%) 218,400,000원	구분 / 1차	입찰기일 / 2017-04-27	최저매각가격 / 218,400,000원	결과
건물면적	-	보증금	(10%) 21,840,000원	\multicolumn{4}{c}{낙찰: 234,400,000원 (107.33%)}
매각물건	토지 매각 (제시 외 기타포함)	소유자	○○○	\multicolumn{4}{c}{입찰: 1명 / 낙찰: -}
				\multicolumn{4}{c}{매각결정기일: 2017-05-04 -매각허가결정}
개시결정	2016-10-25	채무자	○○○	\multicolumn{4}{c}{대금지급기한: 2017-06-12 -기한후납부}
사건명	임의경매	채권자	○○○	\multicolumn{4}{c}{배당기일: 2017-07-18}
				\multicolumn{4}{c}{배당종결: 2017-07-18}

자료: 굿옥션

— 서울 강남에서 상대적으로 낙후한 수서·세곡 일대가 오는 2021년 업무·상업·주거시설 등이 조화된 미래형 복합도시로 새롭게 태어 난다. 과거 그린벨트 지역으로 개발이 제한돼 있던 이곳은 지난해 12월 개통한 SRT, 지하철3호선·분당선, 내년 착공 예정인 운정~ 동탄 GTX(수도권 광역급행철도) A노선 등이 지나는 강남 지역 교통 요충지로 떠오르고 있어 앞으로 시장의 관심은 더욱 높아질 것으로 전망된다.

강남구청은 '수서역세권 공공주택지구 지구계획안'이 지난 19일 국 토교통부 공공주택통합심의위원회 심의를 통과했다고 20일 밝혔다.

내년 1월 중 국토부의 사업 승인 및 사업계획 고시가 예정돼 있고 이후 토지 보상을 거쳐 하반기께 착공에 들어간다는 목표다. 완공 예정 시기는 2021년이다.

－"수서역세권, 2021년 미래형 복합도시로", 〈서울경제〉, 박경훈, 2017. 12. 20.

지구계획안이 승인되면 다음 절차로 그린벨트 해제에 대한 고시가 뜨고 지구 지정을 하게 된다. 사실상 사업 진행이 확정됐다고 보면 된다.

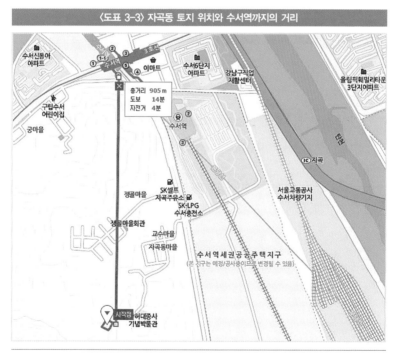

〈도표 3-3〉 자곡동 토지 위치와 수서역까지의 거리

자료: 네이버 지도

나는 오를 땅만 산다

수서역세권 개발 사업이 확정되자, 주변 토지에 투자한 사람들의 희비가 엇갈렸다. 개발 가능한 토지에 투자한 사람은 웃었지만 그렇지 못한 사람도 있었다. 개발 불능지에 투자했기 때문이다.

〈도표 3-3〉에 표시된 수서역세권 개발 사업 호재를 보고 2017년 4월에 낙찰받은 땅이다. 수서역에서 도보 14분이면 닿는, 매우 가까운 거리에 위치해 있다.

토지이용계획확인서를 통해 타 법에 의한 규제가 있는지 살펴보자(〈도표 3-4〉). 토지이용계획확인서를 확인한 결과, 이 토지는 개발할 수 없다. 수서역세권 개발 구역에 가까이 위치한 땅이어도 소용없는

목록	지번	용도/구조/면적/토지이용계획	㎡당 단가	감정가	비고
〈도표 3-4〉 자곡동 토지에 대한 법적 조건 및 규제					
토지	자곡동 산 8-12	도시지역, 자연녹지지역, 개발제한구역, 대공방어협조구역(위탁고도:77~257m), 비행안전제6구역(전술), 제한보호구역(전술항공5m), **보전임지, 공익용산지**, 비오톱 1등급(2015-06-18)(저촉), 과밀억제권역, 토지거래계약에관한허가구역	임야840㎡ (251.1평)	260,000원 (82,000원)	218,400,000원	
감정가	토지:840㎡(254.1평)		합계	218,400,000원	토지 매각 (제시외기타 포함)
현황 위치	• "교수마을" 남서측 인근에 위치하여 주위는 임야, 농경지, 단독주택 및 근린생활시설 등으로 형성된 지역으로 제반입지조건은 무난한 편임. • 본건 인근까지 차량출입이 가능하고 인근에 버스정류장이 소재하나, 전반적인 대중교통 요건은 열악한 편임. • 본건은 장방형, 북서향의 급경사지로 임야로 이용중임 • 맹지상태임				

개발제한구역 – 수서역세권개발사업이 승인됨에 따라 곧 해제될 것이므로 문제가 없다.
대공방어협조구역 – 서울의 모든 땅이 대공방어협조구역에 속하므로 패스!
비행안전6구역 – 50미터까지 높이 제한이 있다. 15층 정도는 지을 수 있다.
보전임지 – '보전' 이라니 느낌이 싸하다!
공익용산지 – 사익용으로 사용하지 못한다! 따라서 개발 불능지.

일이다. 보전임지, 그것도 공익용산지는 사익용으로 개발하지 못한
다. 한마디로 개발이 원천 봉쇄된 땅이라는 의미다.

이런 땅을 들고 와서 나를 설득하려는 투자자도 있었다.

"보보스 님, 이 땅 좋지 않나요. 수서역에서 도보 10분 거리예요!"

"아… 그렇다 해도, 안 좋은 땅입니다."

"법이 바뀌지 않을까요. 그럼 좋아질 수도….'

"안 바뀝니다."

"그럼 보유하고 있다가 애한테라도 물려주면 되지 않을까요.'

"상속이요? 자녀가 제사를 지내지 않을 수 있습니다."

미안하지만 이 땅은 역이 몇 개씩 개통해도 여전히 개발 불능지로
남아 있을 땅이다.

항상 토지투자의 기본을 기억하면 실패를 피할 수 있다. 현재는 비
시가지이지만 향후 시가지가 될 만한 땅에 돈을 묻어뒀다가 되팔아
수익을 내는 것이 바로 토지투자다. 그러니 개발 사업이 시작된 지역
에 갔다면 반드시 인근의 개발 가능지를 사야 한다.

비시가지가
시가지가 되는 유형

그렇다면 비시가지의 땅 중 어떤 땅이 개발 가능지일까. 우리는 어떤 토지에 초점을 두고 공부해야 할까. 〈도표 3-6〉을 보며 따져보자.

이미 개발된 땅이 있다고 치자. 이 시가지의 동쪽에는 임야(산지)가 있고 서쪽에는 농지가 있다. 여러분은 둘 중 어떤 땅이 개발될 것 같은가. 둘 중 어떤 땅을 구입할 생각인가.

토지 개발 여부는 규제하는 입장에서 생각하면 쉽다. 우선 농지를 개발하면 어떤 일이 생길지 생각해보자. 농지를 개발할 때, 우리나라가 식량 주권이 위태로운 나라이기 때문에 개발하면 안 된다고 주장하는 이가 있을까? 그렇지 않다. 쌀은 남아돌아 문제다.

과거에 우리 쌀로는 막걸리를 제조할 수 없던 시기가 있었다. 그런데 어느 순간 이 규제가 풀렸다. 왜 그럴까? 바로 쌀이 남아서 소비할

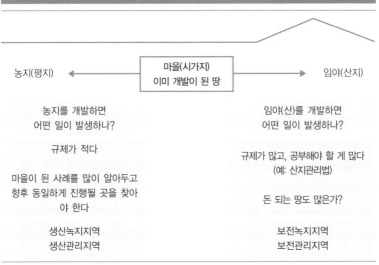

농지(평지) ← 마을(시가지) 이미 개발이 된 땅 → 임야(산지)

농지를 개발하면
어떤 일이 발생하나?

규제가 적다

마을이 된 사례를 많이 알아두고
향후 동일하게 진행될 곳을 찾아
야 한다

생산녹지지역
생산관리지역

임야(산)를 개발하면
어떤 일이 발생하나?

규제가 많고, 공부해야 할 게 많다
(예: 산지관리법)

돈 되는 땅도 많은가?

보전녹지지역
보전관리지역

곳이 필요했기 때문이다. 술꾼이라면 우리 쌀로 만든 막걸리가 쏟아
져 나온 시기를 얼추 기억할 것이다.

　다시 생각해보자. 농지를 갈아엎어 집을 짓고 마을을 만든다면 어
떤 문제가 생길까? 문제가 없다. 무슨 문제가 있겠는가. 쌀이 부족한
것도 아니고, 오히려 농지를 개발하면 돈도 적게 들고 경제적이다.
평평한 농지를 개발해 산업단지도 만들고, 도로도 만들고, 학교도 지
을 수 있다. 따라서 시가지는 농지 쪽으로 뻗어나가게 돼 있다.

　반대로 산지를 개발하는 것은 어떨까. 산을 개발할 때 발생할 만한
일에 대해 생각해보자. 일단 산림을 훼손해야 한다. 나라에서는 산지
를 보전하고 산림 자원을 육성하기 위해 각종 제도를 만들고 운영한
다. 그런데 집을 짓겠다고 나무를 베면 좋아할 리가 없다.

북한에 김일성 주석이 살아 있을 때의 일이다. 어느 해에 흉년이 들어 식량 사정이 열악했던 북한은 특단의 대책을 세웠다. 기존의 농지 외에 추가로 농지 공급 계획을 세우고 산에 있는 나무를 베어내고 산지를 농지로 만들었다.

그런데 농지 면적이 늘었음에도 농업 생산량은 늘지 않고 오히려 줄어드는 기이한 일이 생겼다. 왜일까? 산의 나무를 베어버리니 홍수 때는 농지로 물이 범람해서 농사를 망치고 가뭄 때는 농업용수가 부족해서 농사를 망쳤기 때문이다.

이처럼 산(임야)은 함부로 망가뜨려서는 안 되는 자원이기 때문에 규제가 많다. 사적 재산을 무조건 개발하지 못하도록 막기 어려우니 여러 규제를 두어 개발을 최소한으로 유도하자는 의도에서다. 실상은 개발하지 말라는 규제로 이해해야 한다.

임야에는 기본적으로 산지관리법이 적용된다. 당신이 아주 고수가 아니라면 임업용산지, 공익용산지는 보전산지로 묶여 있어 개발하지 못한다고 봐야 한다. 이뿐인가. 산이 있으면 물이 있기 마련이니, 물에 대한 규제까지 붙는다.

보전관리지역, 보전녹지지역 등 '보전'이라는 단어가 붙은 지역은 개발 불능지라고 보고 접근하지 않는 게 현명하다(그러나 모든 보전관리지역이나 보전녹지지역이 개발이 안 된다는 것은 아니다). 대체로 이들 지역은 공익용산지이거나 비오톱 1등급(biotope, 생물서식공간으로 생태계 유지를 위해 개발을 지양하자는 곳. 총 5개 등급으로 나뉘는데 1등급 지역에서는

〈도표 3-7〉 투자할 때 관심 가져야 할 땅과 피해야 할 땅	
투자할 때 관심 가져야 할 땅	• 생산녹지지역 • 자연녹지지역 • 생산관리지역 • 계획관리지역 • 취락지구 • 자연취락지구 • 주거개발진행지구
투자할 때 피해야 할 땅	• 보존지역 • 보관관리지역 • 자연환경보전지역

개발행위를 일절 금지하고 있다)으로 분류되어 있다. 즉, 개발이 불가능한 땅이 많다는 의미다. 규제가 다닥다닥 붙은 지역에 들어가 굳이 규제 공부를 해가면서 토지투자를 하려고 생고생할 이유가 없다. 머릿속에 '보전' 등의 단어가 나오면 개발이 안 된다는 정도만 기억하면 된다.

토지투자자라면 자연녹지, 생산녹지지역, 계획관리지역, 생산관리지역에 좀 더 많은 관심을 둬야 한다. 주거지역이나 상공업지역은 이미 가치가 상승했기 때문이다. 녹지지역과 관리지역은 아직은 가치가 낮지만 향후에 개발되면 가치가 크게 높아지는 지역이므로 토지투자 1순위 지역으로 꼽아야 한다.

계획관리지역이
일반주거지역이 되는 사례

토지투자로 성공하기 위해서는 시가지가 될 비시가지를 찾아야 한다고 누차 강조했다. 그렇다면 도대체 어디에 가서 이런 땅을 찾아야 하는 걸까.

첫 번째 타깃은 계획관리지역이다. 개발 호재가 있는 지역을 찾았을 때 계획관리지역에 우선적으로 관심을 가지라는 이야기다. 계획관리지역은 비도시지역에 속하지만, 결국 개발 호재가 실현되며 도시지역으로의 편입이 예상되는 곳이다.

계획관리지역에 가보면 사람들이 조금씩 모여 사는 마을도 있고 도로도 보이지만, 일반주거지역보다 상황이 좋지 않다. 대개 도로가 좁고, 형태도 일정하지 않은 구부러진 모양이어서 불편하게 느껴진다. 주변에 공장과 창고가 많은 지역도 있다.

우리가 계획관리지역에 관심을 가져야 하는 이유는 일반주거지역으로 잘 바뀌는 경향이 있기 때문이다. 한마디로 비시가지인데 시가지가 될 가능성이 높다는 이야기다.

이제 계획관리지역에서 토지투자를 잘하는 방법이 궁금할 것이다. 방법은 하나다. 계획관리지역의 용도지역 상향 사례를 많이 봐뒀다

〈도표 3-8〉 2010타경 8004

소재지	경기도 평택시 팽성읍 두정리 156-8 도로명주소검색						
물건종별	대지	감정가	90,610,000원	오늘조회:1 2주누적:2 2주평균:0 조회동향			
토지면적	221㎡(66,852평)	최저가	(41%) 37,114,000원	구분	입찰기일	최저매각가격	결과
				1차	2010-12-20	90,610,000원	유찰
				2차	2011-01-24	72,488,000원	유찰
건물면적	건물은 매각제외	보증금	(10%) 3,720,000원	3차	2011-02-28	57,990,000원	유찰
				4차	2011-04-04	46,392,000원	유찰
					2011-05-09	37,114,000원	변경
매각물건	토지만 매각	소유자	○○○	5차	2011-07-18	37,114,000원	
				낙찰: 47,880,000원 (52.84%)			
개시결정	2010-07-08	채무자	○○○	입찰: 18명 / 낙찰: - / 차순위금액: 47,655,000원 매각결정기일: 2011-07-25 -매각허가결정			
				대금지급기한: 2011-08-31			
사건명	임의경매	채권자	○○○	대금납부: 2011-08-11 / 배당기일: 2011-10-05 배당종결: 2011-10-05			

목록	지번	용도/구조/면적/토지이용계획	㎡당 단가	감정가
토지	두정리 156-8	**계획관리지역**, 주거개발진흥지구, 제2종지구단위계획구역, 소로1류(저촉)소로3류(저촉) 비행안전제5구역(전술), 토지거래계약에관한허가구역	대 221㎡ (68,852평)	410,000원	90,610,000원

자료: 굿옥션

나는 오를 땅만 산다

가 자신의 투자에 대입하면 된다.

그런 의미에서 직접 투자했던 계획관리지역의 토지를 소개한다. 〈도표 3-8〉은 2011년 미군기지 이전 준비가 한창이었던 평택 지역에서 낙찰받은 토지다.

2011년에 낙찰받을 당시의 로드뷰를 확인해보자. 〈도표 3-9〉의 로드뷰를 살펴보면 중앙선과 인도가 없고, 차 한 대가 겨우 지나갈 정도의 좁은 도로가 집 사이사이로 구불구불 펼쳐져 있다.

이랬던 곳이 2014년 11월에는 어떻게 달라졌을까. 낙찰받았던 토지의 로드뷰를 살펴보면 다음과 같이 도로를 넓히고 인도까지 만든 게 보일 것이다(〈도표 3-10〉).

〈도표 3-11〉의 스카이뷰를 확인하면 반질반질 윤이 나는 아스팔트가 보인다. 이제 막 도로를 냈기 때문이다. 시점을 변경해가며 로

〈도표 3-9〉 경기도 평택시 팽성읍 두정리 156-8 일대 로드뷰(2011년 11월)

자료: 다음 지도

〈도표 3-10〉 경기도 평택시 팽성읍 두정리 156-8 일대 로드뷰(2014년 11월)

자료: 다음 지도

〈도표 3-11〉 경기도 평택시 팽성읍 두정리 156-8 일대 스카이뷰(2017년 9월)

자료: 다음 지도

드뷰와 스카이뷰를 비교하면 이 동네의 도로시설이 엄청나게 확장됐음을 알 수 있다.

그렇다면 두정리에는 왜 이렇게 많은 도로가 넓혀진 것일까. 그리고 나는 무슨 근거로 2011년에 이 토지에 투자했던 걸까. 또 어떻게 투자

나는 오를 땅만 산다

이후 몇 년 만에 도로가 보란듯이 확장됐을까. 차근차근 따져보자.

평택시 팽성읍 일대는 미군기지 이전 사업이 예정된 곳이다. 부대가 이전하기 전까지는 광활한 농지가 펼쳐져 농사짓는 사람들이 옹기종기 모여 살던 작은 마을이었다.

내가 투자에 나선 2011년은 이미 미군기지 부지 조성 공사가 마무리되고 건설이 한창이던 때였다. 미군기지가 이전되면 한국인 근무

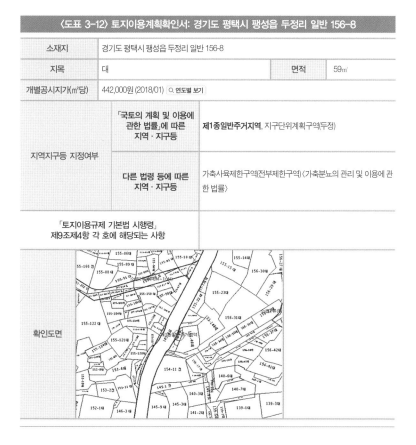

〈도표 3-12〉 토지이용계획확인서: 경기도 평택시 팽성읍 두정리 일반 156-8		
소재지	경기도 평택시 팽성읍 두정리 일반 156-8	
지목	대	면적 59㎡
개별공시지가(㎡당)	442,000원 (2018/01) Q 연도별 보기	
지역지구등 지정여부	「국토의 계획 및 이용에 관한 법률」에 따른 지역·지구등	**제1종일반주거지역**, 지구단위계획구역(두정)
	다른 법령 등에 따른 지역·지구등	가축사육제한구역(전부제한구역)〈가축분뇨의 관리 및 이용에 관한 법률〉
「토지이용규제 기본법 시행령」 제9조제4항 각 호에 해당되는 사항		
확인도면		

자가 늘어나고, 자연히 주택 수요가 늘게 뻔하다. 주택 수요가 늘면 그만큼 통행량이 증가해 도로 확충도 필요하다. 그래서 2011년 이후 최근까지 도로 확장 공사가 이뤄진 것이다.

그런데 계획관리지역이 시가지화 되는 것은 어떻게 알 수 있을까. 물론 신호가 있다. 바로 기반 시설 공사다. 도로를 넓히는 공사를 하고 하수관을 새로 묻는다면 머지않아 용도지역을 상향하거나 규제를 완화할 것이다.

2011년 7월 낙찰받을 당시의 토지이용계획확인서를 보면 계획관리지역이었던 토지가 지금은 버젓이 제1종 일반주거지역으로 바뀌어 있다(〈도표 3-12〉). 예상대로 이 지역은 용도지역이 계획관리지역에서 제1종 일반주거지역으로 변했다. 비시가지가 시가지로 바뀐 것이다.

사례를 하나 더 살펴보자. 이 사례는 비시가지가 시가지로 바뀐 경우는 아니다. 그러나 좀 전에 평택시 팽성읍에서 살펴본 것과 아주 유사하게 기반시설이 개선되는 사례다. 이는 일반주거지역이지만 도로, 학교 같은 기반시설이 좋아지며 해당 토지의 행위제한(지구단위계획)이 완화될 것으로 예상된다는 의미이다.

화성시 어천역 개통 예정 지역으로 가보겠다. 〈도표 3-13〉의 지도를 통해 살펴보면 어천역(예정)은 인천-수원 간 수인선의 정차역이자, 2024년경 인천발 경부선 KTX가 지날 '더블 역세권' 예정지다.

이 지역에 어천 역세권 도시개발사업을 하겠다는 뉴스가 나온 것을 보고 직접 찾아갔다. 우선 다음의 뉴스부터 살펴보자.

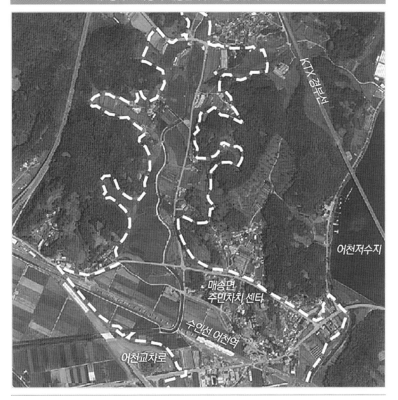

자료: 화성시

— 어천역세권 도시개발사업(어천지구)이 본격화 되고 있다. 이 사업의
시행을 맡은 LH(한국토지주택공사)가 10년 넘게 소문만 무성할 뿐 개
발 추진 여부가 수면 위로 떠오르지 않았던 사업을 본궤도에 올려놓
고 속도를 내고 있기 때문이다.

어천지구는 복선전철인 수인선과 경부선 KTX의 교통망을 동시에 누
릴 수 있는 더블역세권이 이미 확정돼 있기 때문에 사업 본격화에 따

른 부동산 시장의 관심이 예상된다.

11일 LH 경기지역본부와 화성시 등에 따르면 어천지구는 수인선 개통(2018년 12월 예정)과 KTX 환승역사(어천역) 설치(2021년 6월 예정)가 확정된 화성 매송면 어천리 일대(어천리, 숙곡리, 야목리 일원)에 추진되고 있다.

– "'10여년 은둔' 화성 어천지구… 이제 '때'가 왔나", 〈경인일보〉, 이상훈, 2018. 07. 12.

〈도표 3-13〉에서 보이는 지역이 개발 대상지다. 지금은 개발제한구역(그린벨트)의 취락지구(마을)지만, 도시개발사업을 통해 도로, 학교, 주택, 공원 등을 새로 짓겠다는 의미다. LH가 시행자로 나선다고 하고, 사업 면적도 넓지 않아 사업 속도는 빠를 것으로 보인다.

이렇게 역세권 도시개발사업에 속한 점선 안쪽의 땅을 사는 것은 어떨까? 이미 가격이 오를 만큼 올랐다. 우리가 눈여겨볼 지역은 사업 대상지에 들어가지 못한 주변부다.

도시개발사업을 하면 주변 지역이 덩달아 좋아질 것이기 때문에 지금 시점에는 1번 타자가 아닌 2번 타자를 노려야 한다. 그런 후 몇 년이 흐르면 2번 타자가 1번 타자로 바뀌는 순간이 온다.

내가 눈여겨본 곳 역시 도시개발사업지 북쪽 끄트머리에 위치한 토지다. 2017년 9월의 로드뷰와 최근 방문해 직접 촬영한 사진을 비교해보자. 〈도표 3-14〉의 최근 사진에서 전봇대도 정리하고 인도를 갖춘 도로를 내기 위해 도로 확장공사를 하고 있다는 것을 확인할 수

자료: 다음 지도

있다. 이는 무슨 의도일까?

지난해 로드뷰를 보니 땅을 팠다가 다시 메운 자국이 보인다. 무엇을 매설하고 다시 묻은 것일까. 로드뷰를 따라 들어가 보니 골목길을 따라 땅을 팠다가 다시 포장한 흔적이 그대로 남아 있다. 독자 여러분도 직접 로드뷰를 열어 동네 구석구석 공사 흔적을 확인해보라.

쓸데없이 땅을 파고 하수관을 교체했을 리는 없다. 지금 있는 하수관으로는 부족하다는 뜻이고, 이는 앞으로 사람이 더 늘어난다는 뜻이기도 하다. 인구 배치 계획이 있기 때문에 하수관을 추가 매설했을 것이라는 추론이 가능하다.

따라서, 이곳의 용도지역이 상향되거나 이 땅에 있는 규제(행위제한)가 완화되겠구나 하는 생각을 당연히 가져야 한다.

현재 이 지역은 제1종 일반주거지역이다. 단, 지구단위계획상 한 필지에 지을 수 있는 가구 수 규제를 두고 있다. 하지만 도로를 확장하고 하수관을 묻고 나면 용도지역이 상향되거나 이 땅에 적용된 규제가 많이 완화될 것이라는 예상이 가능하다.

어천역이 개통하고 도시개발사업이 완성되면 인구는 늘고 기반 시설은 좋아지게 돼 있다. 그즈음에는 사업지 주변에도 인구가 유치되기 시작하고 주변 도로도 차차 좋아질 것이다.

어떤가. 토지투자에 나서볼 만한가. 여러분도 위와 같은 패턴으로 투자할 토지를 찾는다면 백전불패(百戰不敗)할 것이다.

사실 어천역 주변 개발은 〈도표 3-15〉의 고시공고를 찾아서 꼼꼼히 읽어 보면 투자가 더 잘 보이기도 한다. 좀 어려울 수도 있으나 이와 같은 습관을 들이면 투자에 좀 더 확신을 가질 수 있다.

위는 공고문의 일부를 발췌한 것이다. 주된 내용은 지자체에서 계획적인 개발을 위해 개발계획을 수립 중에 있으니 개별적인 개발을 일시적으로 불허하겠다는 의미다.

처음 듣는 분들은 개발제한구역을 해제하고 개발행위허가제한

화성시 고시 제2017 - 399호

고 시

화성시 매송면 어천리, 숙곡리 일원에 대하여 「국토의 계획 및 이용에 관한 법률」 제63조, 같은법 시행령 60조 및 「개발제한구역의 조정을 위한 도시관리계획 변경안 수립지침」 5-1-1호 규정에 따라 개발행위허가 제한지역으로 아래와 같이 지정하고, 「토지이용규제기본법」 제8조 및 동법 시행령 제7조 규정에 따라 지형도면을 고시합니다.

2017년 8월 30일
화 성 시 장

1. 개발행위허가 제한 내용
  가. 제한지역 : 화성시 매송면 어천리, 숙곡리 일원(821,625㎡)

  나. 제한사유
    - 매송면 어천리, 숙곡리 일원에 개발제한구역 해제 등을 통한 『어천역세권 개발사업』을 추진하고 있으며, 그 대상지 및 주변지역의 도시관리계획 변경으로 개발행위허가 기준이 크게 달라질 것으로 예상됨.
    - 개발제한구역 해제 대상 지역 및 주변지역에 대해 사업시행시까지 부동산 투기 및 불필요한 외부 자본의 유입 등 사회경제적 손실을 예방하고, 계획적·체계적인 도시계획 수립 및 원활한 사업추진을 도모하기 위해 개발행위허가 제한지역으로 지정하고자 함

지역으로 지정한다는 것을 이러나저러나 개발을 못하게 한다는 의미로 받아들이기 십상이다. 그러나 개발제한구역이 기약도 없이 언젠가 개발을 하겠다고 사개발을 묶어 놓은 곳이라면 개발행위허가제한지역은 곧 계획개발을 할 테니 잠시 멈춰달라는 의미다.

쉽게 말해 어느 남자가 어느 여성에게 만나달라고 했는데, 개발제한구역형 여성이라면 '당신을 만날 마음이 아직은 없다'라고 말할 것이고, 개발행위허가제한지역형 여성이라면 '지금 화장을 하고 있으니 당장 만날 수는 없다. 더 예쁘게 하고 나갈 테니 조금만 (최대 3년) 기다려달라'고 말하는 것과 같다.

게다가 〈도표 3-15〉의 고시문에서 눈길을 끄는 것은 주변 토지의

〈도표 3-16〉 어천역 인근 도시관리계획 변경 예정 지역

도시관리계획
변경이 계획된 곳

도시관리계획의 변경에 대한 내용이다. 도시관리계획이란 용도지역, 용도지구, 용도구역, 지구단위계획, 도로 및 학교와 같은 기반시설, 정비사업 등을 일컫는 말이다. 이 중 변경이 있다면 도로와 같은 기반시설을 확충하고 용도지역을 변경하거나 지구단위계획에서 제한

나는 오를 땅만 산다

하고 있는 내용을 완화시켜주겠다는 것 아니겠나?

〈도표 3-16〉에서 빨간색으로 테두리를 친 곳 중 이미 일반주거지역이면서 마을이 조성된 곳은 용도지역의 상향이나 지구단위계획의 완화가 될 것이고, 나머지 땅은 LH가 시행자가 되어 개발사업을 하려는 곳이다.

이 밖의 지역은 어떻게 될까? 노란 선 안에 들진 않았지만 북쪽의 일부 마을이 있는 곳도 가격 상승이 기대되는 곳이고 역 남서쪽의 농지도 향후 개발 가능성이 커지면서 가격 상승이 이뤄지지 않을까? 판단은 독자의 몫이다.

녹지지역이
일반주거지역이 되는 사례

'국토의 계획 및 이용에 관한 법률'에서는 용도지역상 주거지역, 상업지역, 공업지역, 녹지지역을 도시지역이라 한다. 공부를 처음 하시는 분들은 녹지지역이라는 국어의 느낌과 도시지역이라는 느낌이 어울리지 않는다고 생각하기도 한다.

그러나 도시가 시가지로만 덮여 있으면 어떻게 될까? 그러니까 주거지역, 상업지역, 공업지역으로만 되어 있다면 말이다. 그러면 도시에 기온 상승과 공해 등 여러 가지 환경 문제가 발생할 수 있다. 그래서 서울처럼 과밀인 지역도 드문드문 남산, 관악산 같은 녹지지역도 있고 크고 작은 논밭 형태의 녹지지역도 있다.

이런 녹지지역 중 남산과 같이 존재의 이유가 시가지 내 녹지의 공급이 목적인 경우가 있고 장래에 시가지가 커지면 시가지로 편입시

킬 녹지지역이 있다. 우리가 관심 가져야 할 곳은 당연히 후자 쪽이다. 녹지의 공급이 목적인 토지는 용도지역이 대개 보전녹지지역이며 지목은 임야인 경우가 많다. 이 경우는 산지관리법과 같은 타법에의한 규제가 많아 개발이 불가한 경우가 많다.

반면 생산녹지지역이나 자연녹지지역이 일반주거지역이 되는 사례는 상당히 많다. 2018년 동계올림픽으로 부동산 투자 열기가 뜨거웠던 강원도 사례를 소개한다.

이번 사례에서는 일반주거지역이 될 농지를 어떻게 찾아야 하는지를 중심으로 살펴보겠다.

강원도 평창군청을 검색해보자. 〈도표 3-17〉의 전자지적도를 보

〈도표 3-17〉 강원도 평창군청 일대 지도

자료: 네이버 지도

니 평창군청을 기준으로 동쪽에는 일반주거지역이 길게 펼쳐진다. 평창군청 왼쪽으로는 농지가 펼쳐진다.

그런데 〈도표 3-18〉을 살펴 보면 평창군청 서쪽에 31번 국도가 등장했음을 알 수 있다. 새로운 도로가 개통되면서 이 일대에 개발에 대한 기대감이 일어났다. 도로 주변이 온통 농지인데, 도대체 어느 곳에 투자해야 맞는 걸까. 어느 땅을 골라야 개발이 가능할까.

이럴 때는 스스로 평창군수에 빙의해야 한다. 생각해보자. 두 농지 중 군청과 뚝 떨어진 곳을 시가지로 개발할까, 군청과 가까우면서 기존 시가지와 인접한 곳을 개발할까? 당연히 후자를 시가지로 만들지 않을까. 평창군수 입장에서는 도로가 나면서 이등분된 농지 중 시가지에 붙은 쪽을 시가지로 변경하려는 판단이 지극히 상식적이다. 설명을 하자면 이렇다. 지도상 빨간색 테두리로 표시된 곳이 평창군청 소재지를 비롯한 구도심이다. 그리고 초록색과 파란색으로 테두리를 친 곳이

〈도표 3-18〉 31번 도로 주변(2015년 4월)

자료: 다음 지도

나는 오를 땅만 산다

원래 농업진흥구역이었다. 그러다 3번으로 표시한 도로가 개설되면서 이 농업진흥구역은 둘로 나뉘게 된다. 이후 파란색으로 표시한 곳은 농업진흥구역 해제가 되어 생산녹지지역이 된 것이다. 그 이후, 올림픽을 앞두고 시가지에 붙어 있는 이러한 자투리 녹지지역을 주거지역으로 용도지역 상향을 시켜주지 않을까 하는 기대감이 있었다. 그렇다면 이 농지의 용도가 실제로 변경됐는지 〈도표 3-19〉를 통해 확

〈도표 3-19〉 토지이용계획확인서: 강원도 평창읍 하리 일반 255			
소재지	강원도 평창군 평창읍 하리 일반 255		
지목	답	면적	3,154㎡
개별공시지가(㎡당)	98,700원 (2018/01) Q 연도별 보기		
지역지구등 지정여부	「국토의 계획 및 이용에 관한 법률」에 따른 지역·지구등	도시지역, 제1종일반주거지역, 소로2류(폭 8M~10M)(저촉), 중로3류(폭 12M~15M)(저촉)	
	다른 법령 등에 따른 지역·지구등	가축사육제한구역(절대제한지역(모든축종제한지역))(가축분뇨의 관리 및 이용에 관한 법률), 현상변경허가 대상구역(문화재보호법), (한강)폐기물매립시설 설치제한지역(한강수계 상수원수질개선 및 주민지원 등에 관한 법률)	
	「토지이용규제 기본법 시행령」 제9조제4항 각 호에 해당되는 사항		
확인도면			

인해보자.

'이럴 수가!'

탄성이 절로 나온다. 녹지지역이었던 땅이 제1종 일반주거지역으로 바뀌었다. 4층 빌라를 지을 수 있는 땅이 된 것이다.

다양한 사례를 다루고 공부하다 보면 누구나 충분히 용도 변경을 예측할 수 있다. 더욱이 농지에 투자한다면 이런 사례는 꼭 기억해둬야 한다.

핵심을 정리해보자. 원래 농림지역(농지)이던 땅에 도로가 나면서 둘로 쪼개졌다. 둘 중 어느 곳에 투자해야 할까? 그렇다. 기존 시가지와 붙은 땅에 관심을 가져야 한다. 이런 땅은 시간이 지나면 용도지역을 바꿔준다. 주거 수요가 커지면 이런 토지를 우선적으로 주거지역으로 바꾸는 것이다. 더 나아가 땅 전체를 아파트로 개발하겠다는 사업자가 나타날 수도 있고, 지방자치단체에서 토지 전체를 도시개발사업을 하겠다고 지정할 가능성도 높다.

녹지지역 투자 성공의 조건

**시가지에 대한 수요가 커지는 곳＋시가지와 접한 녹지지역－보전녹지지역
＝ 녹지지역 투자 성공**

용도 변경이 되는 일반주거지역

토지에 투자하려면 시가지가 될 비시가지를 찾아야 한다. 비시가지가 시가지가 되는 순간 땅값은 오르게 돼 있다.

그렇다면 이런 경우는 어떨까. 시가지인데 더 좋은 시가지가 되는 땅에 투자하는 것 말이다. 이런 경우도 당연히 땅값이 오른다.

이렇게 땅의 쓰임이 바뀌는 것을 '용도지역 상향'이라고 부른다. 개발 호재가 있는 땅은 비시가지에서 시가지로, 시가지 내에서도 더 많은 행위를 할 수 있는 지역으로 변경될 수 있다. 인구가 늘거나 교통 수요가 많아지면 그에 맞게 땅을 쓸 수 있도록 용도를 변경해주는 것이다.

여기서는 지금 시가지인데, 일정 시간이 경과되면 더 나은 시가지가 될 가능성이 있는 곳을 찾아보기로 하자.

시가지라고 하면 주거지역, 상업지역, 공업지역을 두고 하는 말이다. 주거지역은 전용주거지역에서 출발해 일반주거지역, 준주거지역으로 갈수록 비싸진다.

일반주거지역은 다시 제1종, 제2종, 제3종으로 구분된다. 현재 제1종 일반주거지역인데, 제2종 일반주거지역으로 바뀌면 땅값이 오른다. 제1종 일반주거지역에서는 4층 이하 주택만 지을 수 있는데 반해 제2종 일반주거지역에서는 중층 주택을 지을 수 있기 때문이다. 어느 땅의 수익이 더 높을까? 당연히 제2종 일반주거지역이다. 그런데 일반주거지역이 준주거지역이 된다면 어떨까. 당연히 땅값이 더 오른다. 주거 외에 상업이나 업무 기능을 포함한 건물을 지을 수 있기 때문이다.

시가지인데 더 좋은 시가지란 바로 이런 곳이다. 현재 제1종 일반주거지역이지만 준주거지역으로 변하거나 또는 상업지역이 될지도 모르는 땅 말이다.

다음의 〈도표 3-20〉은 수강생 중 한 명이 입찰을 준비하고 있는 토지다. 책이 출간될 즈음에 수강생이 이 토지를 낙찰받아 기뻐하는 모습을 볼 수 있게 되기를 간절히 바라면서 소개해본다.

이 토지는 현재 제1종 일반주거지역이다. 〈도표 3-21〉과 같이 전자지적도를 열어보면 경매 물건 옆으로 전철 노선이 지나가는 것이 보인다.

토지는 오목천역 전철 개통 예정지에 붙어 있다. 현재는 일대가 전

〈도표 3-20〉 2015타경 43256

소재지	경기도 수원시 권선구 오목천동 497-1 외 7필지 도로명주소검색							
물건종별	근린주택	감정가	2,539,860,400원	오늘조회: 2 2주누적: 30 2주평균: 2 조회동향				
토지면적	1750㎡(529,375평)	최저가	(70%) 1,777,902,000원	구분	입찰기일	최저매각가격	결과	
				1차	2016-08-20	2,539,860,4000원	낙찰	
건물면적	1438,48㎡(435,14평)	보증금	(30%) 533,380,000원	입찰: 1명 / 낙찰: 2,800,099,000원(110,25%) / 미납				
매각물건	토지 · 건물 일괄매각	소유자	ㅇㅇㅇ	2차	2016-10-26	2,539,860,4000원	변경	
					2016-11-25	2,539,860,4000	변경	
개시결정	2015-12-14	채무자	ㅇㅇㅇ		2017-02-07	2,539,860,400	유찰	
					2017-03-10	1,777,920,000	변경	
사건명	임의경매	채권자	ㅇㅇㅇ		2018-09-07	1,777,902,000	미진행	
관련사건	2016타경 3354(중복)			본 사건은 미진행되었으며 현재 매각기일이 지정되지 않았습니다.				

목록	지번	용도/구조/면적/토지이용계획		㎡당 단가	감정가
1	오목천동 497-1	도시지역, 제1종일반주거지역, 소로3류(저촉), 비행안전제6구역(전술)	대 1036㎡ (313,39평)	1,460,000원 (1,007,000원)	1,512,560,000원
2	오목천동 497-2	도시지역, 제1종일반주거지역, 소로3류(저촉), 비행안전제6구역(전술)	도로 13㎡ (3,933평)	460,000원 (304,500원)	5,980,000원
3	오목천동 497-9	도시지역, 제1종일반주거지역, 소로3류(저촉), 비행안전제6구역(전술)	전 345㎡ (104,363평)	1,200,000원 (977,400원)	414,000,000원

자료: 굿옥션

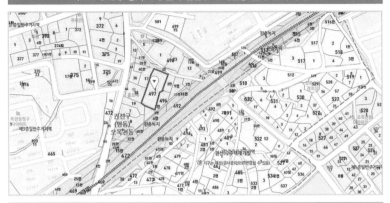

자료: 네이버 지도

부 제1종 일반주거지역이고 위쪽(북쪽)에 일부 준주거지역이 포진해 있는데, 전철이 개통되면 두 용도지역은 상당히 어색할 것으로 내다 본다. 왜냐하면 역 코앞에 상대적으로 토지의 이용 가치가 낮은 제1종 일반주거지역이 있고, 역에서 좀 떨어진 곳에 이용 가치가 높은 준주거지역이 배치돼 있기 때문이다.

그럼 용도지역 변경은 어떻게 예측할 수 있는 것일까. 나는 수원시가 펴낸 '2030년 수원도시기본계획'과 뉴스 분석을 통해 용도지역이 변경될 가능성이 높다고 본다.

도시기본계획은 특정 연도까지 해당 지자체를 어떻게 만들어갈지를 그리는 기본적인 계획이다. 이렇게 계획을 세운 후 주기적으로 도시계획을 변경하며 도시기본계획을 보완해간다. 현재 수원시는 '2030년 수원도시기본계획'을 2014년에 수립하여 수원시 홈페이지

나는 오를 땅만 산다

에 게시를 하고 있다.

물론 도시기본계획에 법적 구속력이 있는 것은 아니다. 이 계획대로 실행되지 않았다고 해서 따지거나 책임을 물을 수 없다. 그렇다 해도 도시기본계획이 우선 세워져야 다음 단계도 있는 것만은 분명하다. 계획 없이 예산을 잡을 수 없고, 계획 없이 갑자기 도로를 개설할 수도 없다. 도시기본계획을 세운 후에야 예산을 잡고, 도로가 개설되고, 용도지역 변경에도 나서는 것이다. 그렇기 때문에 도시기본계획을 통해 도시 변화를 예측할 수 있다.

〈도표 3-22〉부터 〈도표 3-26〉의 내용은 '2030년 수원도시기본계획' 중 이 물건에 해당하는 부분을 발췌한 것이다.

수원시의 전체적인 발전 구상을 보여주고 있다. 수원시 성장의 중심이 되는 축으로 수원역과 수원화성 등을 꼽고, 주변 산업·경제 중심지로 광교, 영통, 오목천을 꼽았다. 사실 수원역과 광교, 영통은 예전부터 발전해온 곳이고, 오목천은 이번 계획에서 처음 선보인 지역

〈도표 3-22〉 2030년 수원도시기본계획: 공간구조 및 생활권 설정

- • 도심에서 부도심으로 이어지는 개발축 설정(3+3+3 개발축)
  - 수원시 성장의 중심이 되는 축으로서 도심(수역권, 수원화성, 시청 일원)과 주변 산업
    ·경제 중심지(광교, 영통, **오목천**)을 연계하여 수원시의 성장 도모
  - 3개 성장부축 : 성장주축 외 향후 개발잠재력이 큰 지역의 성장을 고려한 축으로서
    서수원(호매실), 북수원(정자동), 수원비행장일원(지역중심)을 도심과 연계하여 지역균
    형발전 및 경제 활성화 도모
  - 3개 연계축 : 부도심들의 상호 연계축을 설정함으로써 역세권, R&D생산, 지식기반
    산업 기능으로 시너지 효과 극대화 도모

구분	2020년 도시기본계획	2030년 도시기본계획
목표연도	• 2020년	• 2030년
계획인구	• 129만명	• 131.5만인
도시미래상	• 문화와 경제로 번영하는 행복한 도시, 수원 – 세계와 교류하는 역사문화관광도시 – 수도권 남부의 행정 · 업무중추도시 – 고부가가치를 창출하는 지식기반산업도시 – 자연과 함께 지식을 높이는 환경 · 교육도시 – 더불어 사는 건강복지도시	• 사람과 자연이 행복한 휴먼시티 수원 – 사람과 환경의 가치를 실현하는 도시 – 거버넌스를 통한 균형발전도시 – 역사문화관광과 첨단산업이 상생하는 도시
계획 수립방향	• 행정(전문가) 주도형 계획 수립 • 양적성장, 수요대응형 도지이용계획	• 시민주도형 계획 수립 • 질적 성장, 지속가능한 토지이용계획
도시구조	• 1도심 2부도심 3지역중심 – 도심: 수원화성~수원역~시청일대 – 부도심: 광교신도시, 영통지구 – 지역중심: 화서역 · 성균관대, 호매실지구, 수업산업단지	• 1도심 5부도심 1지역중심 – 도심: 수원역~수원화성~시청 – 부도심: 정자동, 광교, 영통, **오목천**, 호매실 – 지역중심: 수원비행장 • 3+3+3 개발축 설정 – 성장주축, 성장부축, 연계축

〈도표 3-23〉 2030년 수원도시기본계획: 2020년 도시기본계획(변경)과의 비교

이다.

〈도표 3-23〉에서 2020년과 2030년의 도시기본계획을 비교해도 오목천의 발전을 예상할 수 있다. 2030년 부도심에 오목천이 새롭게 등장했다.

좀 더 구체적인 단계별 개발 방향을 살펴보자. 〈도표 3-24〉의 4단계(2026~2030년)를 확인하면 오목천동 일원을 서수원 지역 내 부도심 육성 및 수인선 복원에 따른 역사 개발과 연계하겠다고 적혀 있다.

나는 오를 땅만 산다

〈도표 3-24〉 2030년 수원도시기본계획: 단계별 개발 계획	
개발단계	**주요 개발방향**
2단계 (2016~2020)	• 권선동 일원 군부대 이전을 고려한 체계적·계획적 개발 • 파장동(이목동) 일원 안죽골2 자연취락지구는 장안구 파장동 일대 주거용지와 연계 개발 • 망포동 일원은 남부권역 여건변화 및 공공기관 이전 등을 고려한 합리적 개발과 관리 유도 • 정자동 일원은 서북부지역의 부족한 상업 및 배후 지원기능(복합 : 주거, 공공/업무, 문화/여가 등) 도입을 통한 효율적인 개발 유도 (공원녹지 50%이상) • 서둔동(탑동) 일원은 서수원 행정중심지 조성을 위한 행정타운의 합리적 개발 유도 • 고색동, 장지동 일원은 공업지역 재배치에 따른 산재된 공장의 집적화 유도 및 수원시 자족성 향상 도모(주거지역 등과의 차폐 등을 위하여 완충녹지대 설치)
3단계 (2021~2025)	• 구운동 상구운 자연취락지구 일원은 서수원터미널 및 신분당선(2단계) 연장에 따른 배후지원기능을 담당
4단계 (2026~2030)	• **오목천동 일원은 서수원지역 내 부도심 육성 및 수인선 복원에 따른 역사개발과 연계**

교통망 계획도 살펴봐야 한다. 위의 '기능별 교통망 계획에서' 1도심과 5부도심을 연계하는 순환도로망을 구축하겠다고 하니 오목천의 교통 발전도 충분히 예상할 수 있다(〈도표 3-25〉).

〈도표 3-26〉에는 오목천역 개발 방향도 담겼다. 오목천역 일원 공공기관 종전 부지, 봉담택지, 호매실지구 등을 고려한 압축고밀개발을 유도하겠다고 나와 있다.

압축고밀개발이라. 뭔가 감이 오지 않는가. 압축고밀개발이란 토지의 이용 효율을 높이겠다는 뜻이다. 역사 중심의 역세권 개발에서 등장하는 용어다. 압축고밀개발을 하려면 반드시 따르는 게 바로 용도

■ **기본방향**
· 상위계획 및 관련계획 내용과 부합되는 도로망체계 구축
  - 상위계획 및 관련계획에서 수립 된 교통망체계를 수용하여 쾌적한 도시공간 조성을 통해 토지이용의 효율성 제고
  - 제4차 국토종합계획에서 정립 된 광역도로망 계획 수용
  - 국가기간교통망계획 및 제2차 수도권정비기본계획 등의 상위계획을 수용하여 수원시 와 주변지역 간 연결기능을 강화
  - 기 수립된 도시기본계획 및 교통정비중기계획의 도로계획 반영
· 도시공간구조 개편에 부응하는 교통망체계 구축
  - 1도심(화성), 5부도심(광교, 영통, **오목천**, 호매실, 정자동), 1지역중심(비행장) 체계에 맞는 순환도로망 구축
· 서해안 개발을 선도하는 수도권 남부 거점도시로서의 위상에 걸맞은 체계구축
  - 광역가로망 연계기능 강화 및 방사순환형 가로망체계 구축
  - 광역철도망 구축 및 역세권 개발
· 기존 및 신설교통망의 효율적 연계
  - 편리한 대중교통시설 확보 및 운영체계 개선과 이용의 활성화
  - 지능형 ITS 구축 및 시설 간 연계를 통한 효율적 이용 도모
  - Green Made System 확대
  - 보행자전용도로, 자전거도로 등 에너지절약형 교통망 확충을 통해 친환경적 교통체계 수립

〈도표 3-26〉 2030년 수원도시기본계획: 도심 및 주거환경계획

■ **오목천역**
· **오목천역** 일원 공공기관 종전부지, 봉담택지, 호매실 지구 등을 고려한 **압축고밀개발** 유도
· 수인선 복원 및 역사 계획시 남·북간 단절 해소를 위한 보행 및 차량의 연계체계 구축
· 행정구역 통합을 대비한 새로운 거점지역으로 조성
  - 상업, 문화, 복지시설 등 복합용도 개발

지역 상향이다. 제1종 일반주거지역에 압축고밀개발을 할 수는 없는 노릇이다. 용도지역을 바꿔줄 거라는 예상을 할 수 있는 대목이다.

'2030년 수원도시기본계획'을 검토한 결과, 오목천역이 개통하고

일정 시간이 지나면 용도지역을 제2종 일반주거지역이나 준주거지역 정도로 변경하지 않을까 하는 것이 내 예상이다.

다음의 뉴스를 보면 더 확신이 생긴다.

— 한국농어촌공사가 수원시와 화성시 경계지역에 1만1천가구 규모에 달하는 미니신도시를 조성하는 개발사업에 나섰다.

3일 수원시와 화성시 등에 따르면 한국농어촌공사가 화성시 봉담읍 수영리와 수원시 권선구 오목천동 일대 138만8천495㎡ 부지에 1조 380억 원을 투입해 1만1천660가구가 들어서는 '효행지구 개발사업'을 진행하고 있다.

이는 기존 농촌진흥청이 수원에서 전북 전주로 이전함에 따라 우려되는 공동화 현상 등을 방지함과 동시에 해당 지역을 주거지를 비롯한 공원, 녹지, 상업시설, 교육시설 등으로 개발하기 위한 사업이다.

이번 개발사업은 화성시 봉담읍 수영리 3-6 일원(92만1천242㎡) 및 수원시 권선구 오목천동 562 일원(46만7천253㎡) 등 총 138만8천495 ㎡ 부지를 개발한다.

- "수원·화성경계 효행지구에 1만1천가구 규모 신도시 들어선다", 〈중부일보〉, 김준석, 2018. 08. 06.

수원시 오목천동 562번지와 화성시 봉담읍 수영리 3~6번지 일대에 신도시를 개발한다는 뉴스다. 한국농어촌공사가 1조 380억 원을 투입하는 미니 신도시 조성 개발 사업으로, 용인시의 흥덕지구와 비슷한 면적이다.

앞서 본 '2030년 수원시도시기본계획'에서 '오목천역 일원 공공 기관 종전 부지' 개발을 유도하겠다고 돼 있었는데, 바로 이 한국농어촌공사의 소유 부지를 미니 신도시로 개발한다는 이야기가 되겠다. 오목천동 562번지는 오목천역과 가깝다.

이제 천천히 정리해보자. 미니 신도시가 조성되면 신도시 주민들은 오목천역을 이용하게 된다. 역세권 배후에 신도시가 있으면 역세권 기능이 커질 수밖에 없다. 그런데 현재 역세권 주변 땅은 제1종 일반주거지역으로 저층 주택만 지을 수 있다. 역이 개통되고 신도시가 완성되면 이 지역에는 상업, 업무 등 더 많은 기능이 필요해진다.

용도지역을 바꿔줄까 아니면 그대로 제1종 일반주거지역으로 존치할까. 답은 나와 있다. 용도지역 상향을 크게 기대해도 좋을 땅이다. 이런 성공 사례를 잘 쌓아뒀다가 실전에 활용하는 것이 토지투자의 성공으로 가는 지름길이다.

얼마 전 한 지인이 평당 50만 원에 땅을 샀다며 찾아온 적이 있다. 어느 토지투자 강사의 추천으로 산 것이었다.

"이 땅 어떤가요. 어떻게 팔아야 할까요."

그 땅을 보는 순간 마음이 찢어질듯 아팠다. 그는 투자하지 말아야 할 땅을 산 것이다.

토지투자를 하고 싶은 분들에게 백 번, 천 번이라도 강조하고 싶

나는 오를 땅만 산다

다. 다른 투자 사례를 많이 봐두시라. 다른 투자 사례에서 배우시라. 그것이 성공의 지름길이다.

누군가의 의견에 의지해 '그 사람이 권하는 토지에 투자해야지' 하는 생각은 실패의 지름길이다. 토지투자 바닥에는 질 나쁜 강사가 굉장히 많다. 전문가라고 나서는 사람들조차 언제 사라질지 모른다.

토지투자에 성공하려면 자기 자신이 실력자가 돼야 한다. 그러자면 뉴스 분석과 사례 공부가 반드시 필요하다. 다른 실력자에 묻어가려다 황천길로 갈 수 있음을 명심하자.

4장

2번 타자를 노려라!

토지투자를 쉽게 만드는 세 번째 비결

2번 타자를 노려라!:
토지투자를 쉽게 만드는 세 번째 비결

'공포의 2번 타자'는
누구인가

개인이 소액으로 토지에 투자해 단기간에 수익을 거두고 싶다면 다음 법칙을 따르면 된다.

"공포의 2번 타자를 사라!"

갑자기 야구 이야기를 꺼내니 어리둥절할 수도 있겠다. 배트를 들고 타석에서 공을 치는, 공격하는 편의 선수를 '타자'라고 부르는 것은 누구나 아는 사실이다.

야구에서 1번 타자는 적극적으로 승부해서 기선을 잡아야 하므로 강한 타자가 나선다. 2번 타자는 1번 타자가 홈으로 빨리 들어와 득점을 할 수 있도록 하는 역할을 한다. 1번 타자만큼은 아니어도 2번 타자에 대한 기대감 역시 클 수밖에 없다.

다시 토지투자 이야기로 돌아와보자.

「개발계획지 인근 + 개발가능지 + 개발개시 전 + 경매」를 노려라!

개발 가능지
〈2번 타자〉

개발 계획지

개발지
(예: 역 개통지)

〈1번 타자〉

예: 역세권 개발지

개발 계획지에 대한 공고가 있으면 인근 개발 가능지가 개발에 대한 기대감이 커지며 가치가 상승함

다음 차례라는 기대감

토지투자에서, 그것도 소액 토지투자로 성공하고 싶다면 2번 타자를 사야 한다는 게 내 주장이다. 그것도 2번 타자에 대한 개발 계획 고시나 공고가 있기 4년 전에 사야 한다.

나는 이 토지투자 법칙을 줄여서 '공포(공고 나기 4년 전)의 2번 타자'라고 이름 붙였다. 지금쯤 알쏭달쏭한 말에 불평하는 독자가 나올 듯싶다. 지금부터 '공포에 2번 타자' 법칙을 천천히 풀어보겠다.

어떤 지역이 개발된다고 할 때 토지투자가 가능한 땅은 1번 타자와 2번 타자로 나눌 수 있다. 예를 들어 수서역이 개통된다면 1번 타자는 수서역에 바로 붙어 있는 지역이다. 1번 타자는 주로 개발에 대한 기대감을 거의 확신할 수 있는 단계에 와 있는 지역이다. 그러다 보니 일반적으로 매물도 없고 가격도 비싸다. 따라서 소액 투자자들은 2번 타자에 관심을 돌리는 게 현명하다.

그럼 2번 타자는 어디에 있을까. 1번 타자를 개발한 후 어디를 개발할지 생각해보면 답이 나온다. 보나 마나 1번 타자 옆에 붙어 있는

지역을 개발할 것이다. 1번 타자에서 시작된 개발 기대감이 주변으로 확산되면서 2번 타자의 가격은 반드시 상승하게 돼 있다. 우리는 2번 타자를 싸게 사서 가격 상승기에 팔면 된다.

2번 타자에 투자할 때 지켜야 할 두 가지 조건이 있다.

첫째는 2번 타자로 적합한 토지를 고르는 것이다. 1번 타자 옆에 있다고 해서 다 가격이 상승하는 것은 아니기 때문에 그중에서도 개발이 가능한 토지를 골라야 한다.

둘째는 2번 타자를 언제 살지 결정하는 것이다. 나는 적정 투자 시점을 1번 타자에 대한 개발 계획의 보상이나 착공 4년 전으로 잡았다. 4년 내에 보상과 착공이 이뤄질 것으로 예상되는 곳의 옆 토지를 사놓고 1번 타자가 착공하기만을 기다리면 된다. 즉, 매입 시점에는 2번 타자지만 매각 시점에는 1번 타자가 되는 땅을 사면 값이 많이 오른다는 의미다. 살 때는 1번 타자가 개발 1순위지만, 사업이 착수되면 내가 산 2번 타자가 1순위로 올라선다.

그런데 대다수 사람들은 2번 타자에 투자하는 것을 주저한다. 그 심리를 들여다보면 이렇다. 2번 타자 매입 후 3~4년 뒤 팔아야 하는데 그때까지 아무런 변화가 없으면 어떡하나 하는 걱정이 발목을 잡는다. 나는 이런 걱정을 괜한 걱정이라고 말하고 싶다.

사실 2번 타자의 개발 여부는 신경 쓰지 않아도 좋다. 1번 타자의 개발이 시작되면 2번 타자는 개발되지 않아도 상관없다. 1번 타자의 개발이 시작되면 2번 타자의 가격은 무조건 오르기 때문이다. 확률

100%이니 의심을 내려놔도 좋다. 매입 시점보다 개발에 대한 기대감이 훨씬 커져 있기 때문이다.

'공포의 2번 타자' 법칙은 소액으로, 단기간에, 확실한 가격 상승을 얻을 수 있는 토지투자 기술인만큼 잘 습득하도록 하자. 다음에 소개하는 세 가지 사례를 따라가 보면 이해하기 쉬울 것이다.

1번 타자가 치고 나가면
2번 타자 차례가 반드시 온다

야구 이야기를 한 번 더 꺼내자. 야구에서 1번 타자가 치고 나가면 2번 타자 차례는 반드시 온다. 토지투자도 마찬가지다. 1번 타자의 개발이 시작되면 2번 타자는 원하든 원치 않든 타석에 나서게 된다. 〈도표 4-2〉에서 소개할 물건이 그런 경우다.

2014년 화성시 병점역 남서측 근거리에 위치한 농지가 경매에 나왔다. 규모는 2,795㎡로 생산녹지지역이라고 돼 있다. 다음 해인 2015년, 조 씨가 단독으로 낙찰받았다. 낙찰 가격은 9억 4,500만 원으로 3.3㎡당 감정가가 100만 원에 가깝다.

2018년 현재, 이 주변 토지의 가격은 무척이나 올랐다. 당시 이 물건을 추천하며 답사를 가자고 했는데, 수강생들은 '경매니 한번 유찰되면 가보자'는 의견을 주로 줬다.

〈도표 4-2〉 2014타경 48407

소재지	경기도 화성시 병점동 756-31 외 2필지 도로명주소검색							
물건종별	농지	감정가	922,250,000원	오늘조회: 1 2주누적: 0 2주평균: 0 조회동향				
토지면적	2975㎡ (899,938평)	최저가	(100%) 922,250,000원	구분	입찰기일	최저매각가격		결과
				1차	2015-04-23	922,250,000원		
건물면적	-	보증금	(10%) 92,230,000원	낙찰: 945,010,000원 (102.47%)				
				입찰: 1명 / 낙찰: -				
매각물건	토지 매각	소유자	○○○	매각결정기일: 2015-04-30 - 매각허가결정				
개시결정	2014-10-14	채무자	○○○	대금지급기한: 2015-06-15				
				대금납부: 2015-05-18 /				
사건명	임의경매	채권자	○○○	배당기일: 2015-07-08				
				배당종결: 2015-07-08				

목록	지번	용도/구조/면적/토지이용계획	㎡당 단가	감정가
1	병점동 756-31	생산녹지지역, 비행안전제6구역(전술) 〈군사기지 미 군사시설 보호법〉	답 1322㎡ (399.905평)	310,000원 (210,500원)	409,820,000원
2	병점동 756-32	생산녹지지역, 비행안전제6구역(전술) 〈군사기지 미 군사시설 보호법〉	답 992㎡ (300.08평)	310,000원 (210,500원)	307,520,000원
3	병점동 756-93	생산녹지지역, 비행안전제6구역(전술) 〈군사기지 미 군사시설 보호법〉	답 661㎡ (199.953평)	1,780,000원 (258,200원)	204,910,000원

자료: 굿옥션

이 사례에서 1번 타자는 화성병점복합타운 사업지다. 2005년에 화성병점복합타운이라는 사업지로 지정된 이곳은 사업이 지연되길 반복하다 2014년 중순에서야 착공을 한 사업장이다.

〈도표 4-3〉 화성시 병점동 756-31의 위치 및 주변 전자지적도

자료: 네이버 지도

〈도표 4-4〉 병점역 아이파크캐슬

자료: 다음 지도

2005년에 병점복합타운이 들어선다고 했을 때 기대감에 주변 땅 값까지 잠시 들썩였으나 사업이 지연되면서 다시 잠잠해졌다. 2번 타자 투자의 핵심은 인근의 개발사업의 속도에 달려 있다. 먼저 진행된 사업이라고 1번 타자라고 했는데, 이 1번 타자의 사업이 시작되고 펜스를 치면 곧장 그 인근의 땅값에 영향을 준다. 그중에서도 가장 영향을 끼치는 곳은 단연 '바로 다음 타자'인 2번 타자 지역이다.

〈도표 4-5〉에서 보이듯 병점복합타운이 착공되면 '다음엔 우리차례구나!'라고 느낄 곳은 단연 지도에 삼각형 모양으로 표시한 곳이다. 이 지역은 도로에 의해 다른 농지와 단절돼 있으면서 1번 타자인 화성병점복합타운과 접해 있다. 도시계획을 몰라도 병점복합타운 개발이 끝난다면 그 다음에는 이곳을 개발할 듯한 기분이 들지 않나?

집필을 하는 동안 이 2번 타자 지역의 개발사업이 진행돼 부득이 출간을 앞두고 원고를 수정했다. 이곳을 민간 시행자가 매입한 줄만 알았는데, 최근 이곳이 '병점역아이파크캐슬'이라는 아파트 사업 부지가 돼 있었다(〈도표 4-4〉). 민간 시행자가 저 부지를 매입하여 개발사업한 것으로 보인다.

이후 밸류맵 홈페이지에 들어가 확인을 해봤다. 해당 사업지 내 수많은 필지의 매각 사례를 확인할 수 있다(〈도표 4-5〉).

경매에 진행된 필지가 병점동 756-31, 756-32, 756-33, 세 개 필지인데 가장 인접한 필지의 거래 사례를 확인해보자. 756-32번지 옆

나는 오를 땅만 산다

□ 토지

경기도 화성시 병점동 756-33

1,708,220,000원 ❶

· 거래시점 · 토지면적당 단가 ⭥단위

2018년 06월
2,277,938원/3.3㎡
거래면적 : 749.90(3.3㎡)

자료: 밸류맵

땅인 756-33번지 땅이 2018년 6월에 3.3㎡당 227만 원에 거래된 것을 확인할 수 있다. 경매가 2015년 4월에 진행되었는데 3년 만에 거의 2배 금액으로 거래가 된 것이다.

이 경우는 2번 타자 투자로 흔한 경우는 아니다. 2번 타자는 1번 타자의 사업 개시에 대한 기대감으로 가격이 오를 지역 중 가장 수익성이 높은 곳을 두고 한 말이다. 그런데 이 경우는 2번 타자마저 사업이 진행돼버린 것이다. 그래서 예상했던 것보다 더 많이 상승했다. 모든 2번 타자의 가격이 이렇게 상승할 것이라고 기대해선 안 된다. 물론 나 또한 이렇게 오를 지역을 족집게처럼 잘 찾을 수 있는 것도 아니다.

※ 원래 이 사례는 1번 타자인 병점복합타운의 개발사업이 시작되면 다음 사업지로 유력해져서 그 기대감에 주변 토지 가격이 상승할 때 가장 많은 영향을 받을 곳으로 지목한 곳이다. 그런데 탈고를 앞두고 이 지역에서 분양 공고가 떠 부랴부랴 내용을 수정할 수밖에 없었다.

한편 답사를 하다 보면 당연히 토지 시세가 궁금해진다. 그간은 부동산에 들러 땅을 사거나 팔 것처럼 가장하여 시세를 조사했으나, 이제는 밸류맵 홈페이지에서 최근 거래 사례를 확인할 수 있다. 특히 과거 거래 사례까지 볼 수 있으니 가격 흐름의 동향도 파악할 수 있다. 또한 간혹 생기는 부동산의 농간으로부터도 보호받을 수 있다.

2번 타자는 얼마든지 많다,
2번 타자를 찾아서

지금 이 시간에도 2번 타자가 등장하고 있다. 2번 타자 구역에서 경매 물건을 찾으면 싸게 살 수 있는 기회가 기다리고 있는 것이다. 2번 타자 구역의 토지에 투자하면 절대 실패하지 않는다. 몇 가지 사례를 통해 2번 타자를 찾는 포인트를 알아보자.

대곡역역세권도시개발구역 2번 타자

〈도표 4-6〉은 경기도 고양시 덕양구 행주외동에 위치한 농지다. 2017년 10월, 감정가가 1억 5,000만 원이었는데 약 1억 원에 낙찰받았다. 대출을 받는다면 2,000만 원 정도의 소액으로 살 수 있는 물

소재지	경기도 고양시 덕양구 행주외동 236 도로명주소검색							
물건종별	농지	감정가	151,984,000원	오늘조회: 1 2주누적: 0 2주평균: 0 조회동향				
토지면적	826㎡(249,865평)	최저가	(49%) 74,472,000원	구분	입찰기일	최저매각가격	결과	
				1차	2017-08-02	151,984,000원	유찰	
건물면적	-	보증금	(10%) 7,450,000원	2차	2017-09-06	106,389,000원	유찰	
				3차	2017-10-18	74,472,000원		
매각물건	토지 매각	소유자	○○○	낙찰: 102,024,000원 (67.13%)				
				입찰: 9명 / 낙찰: - / 차순위금액: 101,100,000원				
개시결정	2017-03-22	채무자	○○○	매각결정기일: 2017-10-25 -매각허가결정				
				대금지급기한: 2017-11-28				
사건명	임의경매	채권자	○○○	대금납부: 2017-11-17 / 배당기일: 2017-12-26				
				배당종결: 2017-12-26				

자료: 굿옥션

건이다. 이 물건을 낙찰받은 이유는 무엇일까. 대곡역역세권도시개발에 등장한 2번 타자이기 때문이다.

대곡역 주변의 개발 예정지(1번 타자)는 토지거래개발허가구역으로 묶이면서, 공동 투자를 하지 못할 뿐 아니라 필지 분할도 불가능하다. 그래서 토지 면적이 모두 크다. 이 1번 타자에 투자하면 돈이 될 것이라는 것은 누구나 안다. 문제는 평당 가격이 비싼데다 면적도 크고, 분할도 안 되고 공동명의도 불가하니 너무 큰돈이 든다는 것이다.

하지만 우리는 1번 타자 주변에 있는 개발 가능지에서 2번 타자를 고르면 되므로 걱정할 것이 없다. 문제는 4년 내에 2번 타자에 대한 개발 공고가 나는가의 여부다. GTX-A 노선상 대곡역은 2019년 착공이 거의 확실시되는 곳이다. 그렇게 되면 GTX역이 공사 중일 때 대곡역세권개발사업에 대한 구체적인 발표가 있지 않을까 기대한다.

그렇다면 대곡역 주변 농지가 다 2번 타자가 될 수 있을까. 여기서 안목이 필요하다. 능곡역 안쪽 농지가 더 가능성이 높다. 2번 타자 중에서도 빠른 2번 타자가 될 수 있는 위치다. 만약에 2번 타자가 개발 구역에 포함되지 않더라도 걱정할 필요는 없다. 철도와 도로가 생기면 개발 구역 포함 여부와 상관없이 2번 타자의 가격이 많이 오르고 거래량도 늘어나기 때문이다.

〈도표 4-7〉 경기도 고양시 행주외동 236 일대 모습

자료: 다음 지도

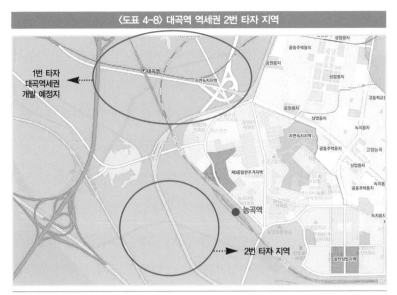

<도표 4-8> 대곡역 역세권 2번 타자 지역

1번 타자
대곡역세권
개발 예정지

2번 타자 지역

자료: 네이버 지도

이 경매 물건의 토지 면적은 826㎡로, 3.3㎡당 시세는 약 60만 원이다. 1번 타자의 개발이 시작되면 분명히 가격이 오를 것이다.

나는 오를 땅만 산다

투자의 기본은 마중물을 만드는 것이다.
땀과 눈물로 종잣돈을 만들어야 하고, 그 돈이 마련될 때까지는 똥차든 지하방이든 감수해야 한다.
그것이 투자 성공을 위한 기본자세다.

5장

안 건강해지는
땅을 사라

토지투자를 쉽게 만드는 네 번째 비결

안 건강해지는 땅을 사라:
토지투자를 쉽게 만드는 네 번째 비결

토지투자 잘못해서
뜻밖에 건강해지는 경우

오해를 살 수 있으니 미리 이야기해두고자 한다. 이 장에서는 내용을 좀 장난기 있게 써보려고 한다. 사람들의 토지투자 패턴을 관찰한 결과, 땅은 크게 세 종류로 나뉜다는 결론을 얻었다. '건강해지는 땅', '안 건강해지는 땅' 그리고 '손해나지 않는 땅'이 그것이다. 토지투자를 쉽게 하려면 이 세 가지 기준을 적용해, 내가 투자하려는 땅의 투자 기상도를 체크하면 된다.

<도표 5-1> 땅의 세 가지 종류

1. 건강해지는 땅 = 개발 호재 실현이 오래 걸리는 땅
2. 안 건강해지는 땅 = 개발 호재가 3년 내에 실현되는 땅
3. 손해나지 않는 땅 = 죽어도 개발되지 않는 땅

먼저 건강해지는 땅이란 어떤 땅일까? 이 땅을 사기만 하면 심신의 안정을 찾고 건강해진다는 뜻일까? 그렇지 않다. 개발 호재를 보고 땅을 샀는데 10년이 지나도 전혀 개발의 움직임이 없는 땅, 개발이 오래 걸리는 땅이 '건강해지는 땅'이다. 아니, 땅 주인은 속이 바삭바삭 타들어갈 텐데 건강해진다는 게 말이 되는 걸까.

가정을 해보자. 환갑 무렵의 부모님이 땅을 한 번만 굴려서 노후 대비를 하겠다는 계획으로 개발 호재 지역의 땅을 샀다고 하자. 그런데 5년, 10년이 지나도 개발할 기미가 보이지 않는다면 어떨까. 그사이 부모님의 연세는 일흔을 훌쩍 넘겼다. 부모님은 아마도 이런 심정이지 않을까.

"어떻게든 내가 이 땅을 팔아서 돈 좀 써보고 죽어야지. 암, 그렇고 말고!"

그래서 부모님은 땅 팔아 해외여행 가는 그날까지 살아남아야겠다는 각오를 다진다. 오래 살아야 할 이유가 생기면 건강에 더 신경 쓰는 게 사람의 심리지 않은가. 자연스럽게 건강이 좋아질 수밖에 없다.

여기서는 건강해지는 땅을 '뜻밖에 보유 기간이 길어져서 어쩔 수 없이 건강관리를 해야만 팔 수 있는 기회를 갖게 되는 땅'이라고 정의하겠다. 기억에 오래 남으라고 장난스럽게 이름 지었지만, 실제 건강해지는 땅에 투자하는 사람이 너무도 많기에 그냥 웃어넘길 일은 아니다.

건강해지는 땅에 투자한 사례를 소개해보겠다.

— **앵커_** 경기도가 추진 중인 이른바 명품신도시 1차 후보지로 고양시 구산동 일대가 거의 확정된 것으로 전해졌습니다.

분당의 2배 가까운 규모입니다. 유재광 기자가 취재했습니다.

경기도 고양시 구산동 일대입니다.

일산 중심부와 현재 개발이 한창 진행중인 파주시의 중간쯤 위치해 있습니다.

경기도 관계자는 오늘, 이 구산동을 중심으로 신도시를 조성할 계획이라고 밝혔습니다.

병원과 학교, 공원, 기업체 등을 입주시켜 자급자족이 가능한 이른바 '명품 신도시'를 만들겠다는 것이 경기도의 계획입니다.

이를 위해 새로 조성될 '명품 신도시'는 천만 평은 돼야 한다는 것이 경기도의 구상입니다.

분당 신도시 보다 두배 가까운 규모입니다.

김문수 지사_ "큰 규모의 대규모 신도시를 개발함으로써 개발지 내에 단순한 베드타운이 아니라 산업 단지라든지 직장이 들어설 수 있는.."

경기도 관계자는 이런 '명품 신도시'를 네 군데 정도 조성할 계획이라고 밝혔습니다.

그러면서 이 관계자는 사람이 거의 살지 않는 곳이 신도시로 개발될 것이라고 말해 기존 주거지를 확장하는 것이 아닌 전혀 새로운 곳이 이른바 명품 신도시로 지정할 것임을 내비쳤습니다.

- "명품 신도시, 고양시 천만평 유력", 〈MBC〉, 유재광, 2007. 05. 23.

2007년 5월, 경기도가 고양시에 분당 2배 규모의 명품 신도시를 개발하겠다고 발표했다. 뉴스에서는 '경기도 관계자가 사람이 거의 살지 않는 곳을 신도시로 개발할 것이라고 내비쳤다'며 '이번에 지정이 유력한 고양시 구산동 일대도 거의 논과 산으로 이루어졌으며 주거지역이 아니'라고 소개했다. 그러면서 다음 달에 1차 명품 신도시 후보를 확정·발표할 예정이라고 뉴스를 마무리했다.

이 뉴스를 듣고 많은 사람이 구산동으로 달려갔다. 나도 2010년경 이 지역에 나온 다음의 경매 물건을 둘러본 적이 있다

당시의 전자지적도를 보면 해당 지역에 '고양신도시 예정'이라고 분명히 적혀 있다. 지적도에까지 개발 예정이라고 적어놓은 이 물건에 투자했다면 어떻게 됐을까.

2011년, 결국 명품 신도시 개발은 백지화됐다. 그 후 이곳은 지금까지도 아무런 미동이 없다. 당시 구산동에 땅을 사놓은 사람들은 그래도 기다려보자는 심정이었을 것이다.

토지투자에 성공하는 원칙 중 하나가 행정 계획과 시행자가 모두 갖춰진 곳이나 실현되기 3~5년 전의 개발 가능지를 사는 것이라고 앞에서 누누이 강조했다. 고양시 구산동은 뉴스에도 발표된 개발 가

소재지	경기도 고양시 일산서구 법곳동 1281 도로명주소검색						
물건종별	농지	감정가	980,826,120원		오늘조회:1 2주누적:1 2주평균:0 조회동향		
토지면적	3968㎡(1200.31평)	최저가	(49%) 480,605,000원	구분	입찰기일	최저매각가격	결과
					2011-03-08	964,224,000원	변경
				1차	2011-04-12	980,826,120원	유찰
건물면적	-	보증금	(10%) 48,070,000원	2차	2011-05-11	686,578,000원	유찰
				3차	2011-06-07	480,605,000원	
매각물건	토지 매각	소유자	○○○	낙찰: 521,000,000원 (53.12%)			
				입찰: 3명 / 낙찰: - / 차순위금액: 516,000,000원			
개시결정	2010-08-10	채무자	○○○	매각결정기일: 2011-06-14 -매각허가결정			
				대금지급기한: 2011-07-22			
사건명	임의경매	채권자	○○○	대금납부: 2011-07-01			
				배당종결: 2011-09-29			

자료: 굿옥션

능지였는데, 투자자들은 왜 건강관리를 하게 됐을까.

—— 경기 고양시는 '고양 일산테크노밸리 조성사업'이 고양시의회를 통
과해 사전 행정절차를 마쳤다고 8일 밝혔다.

시에 따르면 고양시의회는 지난 4일 열린 제221회 임시회에서 '고양
시의회 신규투자사업 동의(안)'을 원안가결했다.

고양시의회 동의안에 따르면 일산테크노밸리는 4차 산업혁명에 대
비한 ▲AR · VR(증강 · 가상현실) ▲IT 기반 콘텐츠산업 ▲IT 융합의료
기술 ▲자율주행 및 AI 등 신산업 관련 기업을 유치할 계획이다.

사업규모는 고양시 일산서구 대화동과 법곶동 일원 약 79만5000㎡
(24만평)로 총 사업비는 7121억 원에 이른다.

 시가 사업승인권자이며 경기도와 고양시, 경기도시공사, 고양도시
관리공사가 공동사업시행자로 사업방식은 도시개발사업(수용방식)으
로 진행된다.

- "고양시, 일산테크노밸리 사업 탄력…2023년 준공 목표", 〈뉴시스〉, 이경환, 2018. 05. 08.

현재 고양시에 가장 큰 변화를 몰고 올 것은 다름 아닌 GTX-A 노선
일 것이다. 이 노선은 파주 운정신도시에서 출발하여 킨텍스를 거쳐
대곡역에 정차를 한다. 그런 뒤 연신내역, 서울역을 거쳐 삼성역으로
향하는 고속 전철이다. 이에 따라 당연히 고양시의 개발계획도 그 전
에 추진하던 사업지가 아닌, 킨텍스 인근의 농지와 대곡역세권 인근
으로 치중될 수밖에 없게 되었다.

 다음 그림처럼 개발에 상당한 진척이 있다. 이렇게 되면 위 경매
물건지 주변의 농지는 개발계획에서 상당히 순서가 밀릴 가능성이
커진다. 광활한 농지에 전철도 하나 없는 곳인 데다 크기도 워낙 커
개발이 쉬워 보이진 않는다. 2번 타자로서 가능성도 그리 커 보이지
않는 대목이다.

 한편 10여 년 전 '고양시 명품 신도시 조성' 뉴스를 듣고 덜컥 투
자했다가 발이 묶인 투자자들이 간과했던 것이 바로 이 시행자 선정
여부다. 당시 뉴스에서는 개발하겠다고만 했지 누가 사업에 참여하

〈도표 5-3〉 일산 킨텍스 주변 지역

물건의 위치

는지 밝히지 않았고, 고시·공고된 행정 계획도 없었다.

개발 뉴스가 발표됐다 하더라도 시행자가 있는지 없는지 꼼꼼히 살펴야 한다. 더불어 개발 계획이 승인됐는지 확인해야 한다. 시행자와 행정 계획, 이 쌍두마차가 함께 달려야 개발이 실현되는 것이다.

고양시 구산동 투자자들처럼 시행자 확인을 거치지 않은 채 뉴스만 보고 덜컥 땅을 사면 어찌되겠는가. 사놓은 땅의 보유 기간이 길어져서 건강하게 오래 살아야만 수익을 볼 가능성이 조금이나마 열린다. 자신의 의사로 건강해져야지, 뜻밖의 투자 실패로 건강해져서는 안 될 일이다.

토지투자하고
건강해지지 않으려면

투자해서 건강해지는 땅이 있는 반면 안 건강해지는 땅도 있다. 나는 3년 정도 보유한 후 팔아서 수익을 낼 수 있는 토지를 안 건강해지는 땅이라고 부른다. 왜냐고 묻고 싶다면 다음의 이야기를 들어보시라.

그동안 나의 토지투자 기간은 짧게는 6일, 길어야 2년 6개월을 넘지 않았다. 토지 매입 후 3년이 채 되기 전에 이 사람 저 사람이 와서 팔라고 요구하거나 아니면 개발한다고 수용했다.

그때마다 이런 생각이 들었다.

"이 땅 산다고 애썼는데 이제 팔아서 돈을 벌었으니 나도 돈 한번 써봐야지."

그래서 땅을 팔고 나면 이런저런 핑계를 대며 돈을 쓰곤 했다. 당연히 술도 더 자주 마셨다. 3년이 되기도 전에 땅이 팔려서 자꾸 술을 먹게 되니 '안 건강해지는 땅'이지 뭔가.

이것은 어디까지나 웃자고 하는 소리니 오해는 마시라. '안 건강해지는 땅'은 굳이 팔려고 애쓰지 않아도 개발 호재가 실현되면서 3년 경과 시점에 자연스럽게 매각되는 땅이다. 건강관리를 열심히 하지 않고도 3년쯤 기다렸다가 달콤한 열매를 따먹을 수 있다는 뜻에서 우스운 별명을 붙여봤다. 다음에 소개하는 땅도 안 건강해지는 땅이다.

〈도표 5-4〉는 2018년 평창동계올림픽이 열리기 5년 전에 강원도 평창에서 찾은 경매 물건이다. 2013년 11월 26일에 낙찰받아, 2014

〈도표 5-4〉 2013타경 3246							
소재지	강원도 평창군 진부면 하진부리 153-11 도로명주소검색						
물건종별	농지	감정가	752,080,000원	오늘조회: 1 2주누적: 1 2주평균: 0 조회동향			
토지면적	1190㎡(359.975평)	최저가	(49%) 368,519,000원	구분	입찰기일	최저매각가격	결과
				1차	2013-09-17	752,080,000원	유찰
				2차	2013-10-22	526,456,000원	유찰
건물면적	-	보증금	(10%) 36,860,000원	3차	2013-11-26	368,519,000원	
매각물건	토지만 매각	소유자	○○○	낙찰: 468,800,000원 (62.33%)			
				입찰: 2명 / 낙찰: - / 차순위금액: 411,000,000원			
개시결정	2013-04-22	채무자	○○○	매각결정기일: 2013-12-03 -매각허가결정			
				대금지급기한: 2014-01-08			
사건명	임의경매	채권자	○○○	대금납부: 2013-12-12 / 배당기일: 2014-01-23			
				배당종결: 2014-01-23			

자료: 굿옥션

년 1월에 잔금을 치렀다.

〈도표 5-5〉의 토지이용계획확인서를 보니, 이 물건의 용도지역은 일반상업지역이다.

일반상업지역에서는 어떤 개발이 가능할까. 개발 가능 여부를 확인하기 위해서는 군에서 만든 조례를 확인해야 한다. '평창군 군계획

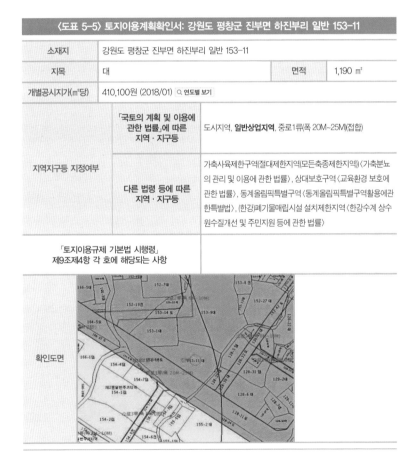

〈도표 5-5〉 토지이용계획확인서: 강원도 평창군 진부면 하진부리 일반 153-11			
소재지	강원도 평창군 진부면 하진부리 일반 153-11		
지목	대	면적	1,190 ㎡
개별공시지가(㎡당)	410,100원 (2018/01) ◦연도별 보기		
지역지구등 지정여부	「국토의 계획 및 이용에 관한 법률」에 따른 지역·지구등	도시지역, **일반상업지역**, 중로1류(폭 20M~25M)(접합)	
	다른 법령 등에 따른 지역·지구등	가축사육제한구역(절대제한지역(모든축종제한지역))〈가축분뇨의 관리 및 이용에 관한 법률〉, 상대보호구역〈교육환경 보호에 관한 법률〉, 동계올림픽특별구역〈동계올림픽특별구역활용에관한특별법〉, (한강)폐기물매립시설 설치제한지역〈한강수계 상수원수질개선 및 주민지원 등에 관한 법률〉	
	「토지이용규제 기본법 시행령」 제9조제4항 각 호에 해당되는 사항		
확인도면			

나는 오를 땅만 산다

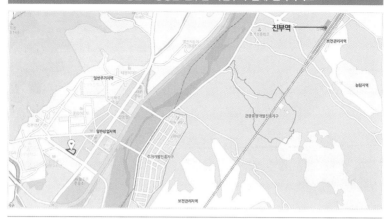

〈도표 5-6〉 강원도 평창군 진부면 하진부리 일대 전자지적도

자료: 네이버 지도

조례'의 별표 8을 확인해보니, 일반상업지역에서 건축할 수 없는 건축물이 표시돼 있다. 조례에서 건축할 수 없다고 정한 것을 빼고는 무엇이든 다 개발할 수 있다는 이야기다.

조례를 보면 아파트에 대한 제한은 없다. 단번에 이 지역에서 아파트 사업을 해보려는 사람은 이 땅을 살 수 있겠구나 싶었다.

아파트를 지을 사람에게 땅을 팔 수 있겠다는 판단을 하게 된 근거는 이렇다. 〈도표 5-6〉의 전자지적도를 살펴보면, 2013년 말 당시 경매 물건 근처에 KTX 진부역 개통이 예정돼 있음을 알 수 있다. 알펜시아 스키점프 센터에 가려면 진부역에서 내려 이동해야 한다.

진부역은 올림픽 전에 개통될 것이 분명했다. 자연히 이 지역에 주택 수요가 늘어날 것이고, 아파트 사업을 하려는 사람들이 땅을 사러 올 것이라고 예상했다. 실제 진부역은 올림픽을 앞둔 2017년 말에 개

자료: 다음 지도

통됐고, 나는 2016년 아파트 시행사에 이 땅을 팔았다.

위의 2014년 10월 로드뷰를 보면 공터처럼 비어 있는 모습이 보인다. 주변에는 이미 형성된 저층 주택들이 있다. 진부면 소재지라 기본적인 생활 인프라가 갖춰져 있다. 면사무소와 농협, 초 · 중 · 고등학교와 평창군도서관 등이 있어서 전철만 개통되면 주택 수요가 늘어날 것이 분명했다.

〈도표 5-8〉의 최근 로드뷰를 살펴보면, 멋지게 지어진 아파트가 한창 분양되고 있음을 알 수 있다. 땅을 살 때는 당시의 허허벌판이 아닌 장래에 이렇게 큰 건물의 부속 토지가 될 것을 떠올릴 수 있어야 한다. 관건은 아파트 시행사에서 언제 본격적으로 땅을 찾으러 다니는지 아는 것이다.

이 토지는 2014년 초에 잔금을 치르고 2016년에 판 땅으로, 2년 6개

자료: 다음 지도

월 정도 보유한 셈이다. 이런 땅을 사면 지역이 지닌 호재가 도래하고 3년쯤 지나 매각할 수 있다. 누구나 건강관리를 열심히 안 해도 3년쯤은 살 수 있지 않나. 앞으로 토지투자로 수익을 내고 싶다면 안 건강해지는 땅을 찾아야 한다.

손해나지 않는 투자하기 싫다면

'건강해지는 땅'은 보유 기간이 길어져서 건강하게 버텨야 하는 땅이고, '안 건강해지는 땅'은 3년 이내에 되팔 수 있어서 건강에 신경 쓸 이유가 적은 땅이다. 그럼 '손해나지 않는 땅'이란 어떤 땅일까.

토지투자는 호재가 있거나 가격이 아주 쌀 때 이뤄진다. 역세권이 될 땅이라면 자연히 수익이 좋을 것이고, 더블 역세권이라면 두 배 이상으로 좋을 것이다. 역세권이나 더블 역세권이 되면 그 일대 땅 가격도 일제히 오르는데, 그건 개별공시지가의 이야기일 뿐이다.

호재가 있는 지역의 개별공시지가가 올라서 전반적인 땅 가격이 오르는 것과 특정 땅의 매매가가 오르는 것은 다른 문제일 수 있다. 개별공시지가는 오르는데 내가 산 땅의 매매가는 오르지 않을 수 있는데, 그 이유는 다음 사례에서 살펴보도록 하겠다.

〈도표 5-9〉 이매역 부근 지도

자료: 네이버 지도

〈도표 5-10〉 이매역 인근 토지투자 지역

자료: 네이버 지도

위의 경매 물건은 분당선 이매역과 경강선 이매역이 교차하는 더블 역세권에 위치해 있다. 누가 봐도 호재가 큰 지역이다.

〈도표 5-10〉의 경매 물건이 속한 임야 지역의 지적도를 보니 땅

이 고르게 분필돼 있는 것이 보인다. 필지 사이사이에 난 도로처럼 보이는 땅을 사용해서 전원주택을 지으면 기가 막힐 것이라는 생각이 번득 들 것이다.

이번에는 〈도표 5-11〉의 위성사진을 통해 이 지역을 내려다보자.

이럴 수가! 지도에서 보이던 도로는 온데간데없고 온통 푸른 임야다. 지적도에서는 도로처럼 보였지만, 실상은 도로가 없는 땅이다. 과거에 건축허가 없이 지적도를 분할해주던 시절이 있었는데, 기획부동산이 이런 허점을 이용해서 분필해 판매한 것이 아닐까 추측된다. 강원도 평창에 가도 이런 땅이 많다. 그럼 이 땅을 산 주인은 어떻게 되는 걸까.

이 임야가 어떻게 될 것인지는 〈도표 5-12〉의 토지이용계획확인서를 통해 알 수 있다. 분당선과 경강선이 지나는 더블역세권이 되는

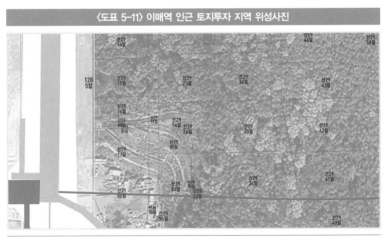

〈도표 5-11〉 이매역 인근 토지투자 지역 위성사진

자료: 네이버 지도

나는 오를 땅만 산다

땅인데, 용도지역을 보니 도시지역, 보전녹지지역이다.

도시지역은 주거지역, 상업지역, 녹지지역까지 포함한다. 중요한 건 보전녹지지역이라는 표시다. 보전녹지지역은 임야에서 온 용도지역이다. 과거 임야였던 땅은 보전녹지가 되고, 과거 농지였던 땅은

〈도표 5-12〉 토지이용계획확인서: 경기도 성남시 분당구 이매동 산 29-13			
소재지	경기도 성남시 분당구 이매동 산 29-13		
지목	임야	면적	1,442㎡
개별공시지가(㎡당)	50,800원 (2018/01) Q 연도별 보기		
지역지구등 지정여부	「국토의 계획 및 이용에 관한 법률」에 따른 지역 · 지구등	도시지역, **보전녹지지역**	
	다른 법령 등에 따른 지역 · 지구등	상대보호구역(경기도성남교육지원청 확인요망)〈교육환경 보호에 관한 법률〉, 비행안전제6구역(전술)〈군사기지 및 군사시설 보호법〉, 제한보호구역(전기통신:2km)〈군사기지 및 군사시설 보호법〉, 제한보호구역(전술항공:5km)〈군사기지 및 군사시설 보호법〉, 대기환경규제지역〈대기환경보전법〉, 도시교통정비지역〈도시교통정비촉진법〉, **공익용산지〈산지관리법〉**, 과밀억제권역〈수도권정비계획법〉, (한강)폐기물매립시설 설치제한지역〈한강수계 상수원수질개선 및 주민지원 등에 관한 법률〉	

「토지이용규제 기본법 시행령」
제9조제4항 각 호에 해당되는 사항

확인도면

생산녹지나 자연녹지가 된다.

지역·지구 내용을 쭉 읽어 내려가보자. 아뿔사! '공익용산지'라는 말이 또 나온다. 땅 주인은 여기에 전원주택을 지으면 기가 막힐 것 같다는 생각에 땅을 덥석 샀을 것이다. 그렇다면 전원주택은 공익용 개발일까, 사익용 개발일까. 전원주택은 개인이 소유하는 개인 부동산이므로 사익용 개발에 해당된다. 결론적으로 공익용산지는 개발할 수 없다.

토지투자를 할 때 가장 흔히 하는 실수가 공익용산지를 매입하는 것이다. 산지관리법에서는 산지를 준보전산지와 보전산지로 나누고 있다. 준보전산지는 용도지역에 따라 개발할 수 있는 땅이다. 반면 보전산지는 개발이 제한적이거나 개발할 수 없는 산지다.

보전산지는 다시 임업용산지와 보전용산지로 나뉘는데, 임업용산지는 산지 전용 허가를 받아 산림재배사나 농어업인주택 등을 제한적으로 지을 수 있다. 그에 비해 공익용산지는 보호 가치가 높은 우량 산지로 분류돼 사익용 개발이 아예 허락되지 않는 땅이다. 사익용 개발이 전혀 되지 않는 공익용산지를 사서 개인적으로 집을 짓고 싶어도 건축허가가 나지 않는다는 이야기다. 하물며 못자리로도 쓰지 못한다.

뒤늦게 이 사실을 안 땅 주인은 "1억 원이나 손해 보더라도 팔아야지" 하는 심정으로 땅을 값싸게 내놓지만 아무도 사는 사람이 없었다.

손해 보고 팔려고 해도 안 팔리니까 '손해나지 않는 땅'이라는 것이다. 결국 개발할 수 없는 땅이자 그렇기 때문에 아무도 사지 않는 땅이다. 사익용 개발을 아예 허용하지 않는 공익용산지라든가, 타 법에 의해 개발을 억제시켜놓은 땅이 여기에 해당된다.

다시 정리해보자. 건강해지는 땅은 언젠가 개발은 되겠지만 하염없이 기다려야 하는 땅으로, 땅을 오랜 기간 관리하려다 보니 건강관리를 해야 하는 땅이라고 했다. 안 건강해지는 땅은 3년 이내에 쉽게 팔릴 땅으로, 개발 호재가 있는 땅이다. 그리고 손해나지 않는 땅은 절대 팔리지 않는 땅, 개발할 수 없는 땅을 말한다.

이 책을 읽고 난 여러분만큼은 절대 안 건강해지시기를 기원한다.

6장

팔리는 땅,
개발되는 땅은
따로 있다

쉽게 배워서 바로 써먹는 토지투자의 기술

팔리는 땅, 개발되는 땅은 따로 있다:
쉽게 배워서 바로 써먹는 토지투자의 기술

빌라 지을 땅은
면적을 잘 살펴야

'빌라 전성시대'라고 해도 과언이 아니다. 국내 주거용 건축물 가운데 빌라가 차지하는 비율은 15%에 달한다. 그런데 빌라는 건축법상 용어가 아니다. 다세대주택이 정확한 용어다. 독자의 이해를 돕기 위해 편의상 쓴 용어라는 점을 이해해주기 바란다.

다세대주택의 정의는 다음과 같다. 1개의 필지 위에 여러 세대가 살 수 있도록 짓는 집으로, 주택으로 사용하는 층이 4개 층 이하로 제한된 주택이다. 집주인이 제각각인, 소규모 공동주택이라고 보면 된다.

다세대주택은 1개 필지에 1개 동만 지을 수 있는데, 건물 전체에서 주택으로 쓰이는 바닥 면적의 합계가 660㎡ 이하여야 한다. 다세대주택의 모양이나 규모가 비슷비슷해 보이는 이유가 바로 이러한 법적 제한 때문이다.

다세대주택이 인기인 만큼 다세대주택을 지을 만한 땅도 인기를 누리고 있다. 그런데 다세대주택을 지을 땅의 희비는 면적이 가른다. 한 필지에 지을 수 있는 한 개 동의 바닥 면적 합계가 660㎡ 이하여야 하기 때문이다.

일반적으로 다세대주택을 짓는 제2종 일반주거지역을 살펴보자. 제2종 일반주거지역의 건폐율은 60%, 용적률은 250%다. 그러나 지방자치단체 조례마다 다르기 때문에 실제 토지투자를 할 때는 지방자치단체의 건축 조례를 확인하거나 직접 문의해서 건폐율과 용적률을 확인해야 한다. 같은 제2종 일반주거지역에 있는 땅을 두고 빌라의 사업성을 검토해보면 대지 면적에 따라 다음과 같은 결과가 나온다.

제2종 일반주거지역에 있는 100평짜리 대지에 다세대주택을 짓는다고 가정하고 계산해보자. 제2종 일반주거지역은 건폐율이 60%다.

<도표 6-1> 대지 면적별 다세대주택 사업성 비교

			대지면적			
			40평	60평	80평	100평
제2종 일반 주거지역	건폐율	60%	24평	36평	48평	60평
	용적률	250%	96평	144평	192평	※240평
건축면적	계단 E.V 면적		4평	4평	4평	4평
	1개층 실세대 면적		20평	32평	44평	56평
	1세대당 면적		10평	16평	22평	28평
빌라 개발 사업성 검토			나쁨	좋음	좋음	나쁨

※빌라(다세대주택) 한 개 동의 최대 건축 면적은 660㎡(200평)를 넘지 못함.

나는 오를 땅만 산다

건폐율이란, 대지 면적 대비 하늘에서 땅을 내려다봤을 때 건물이 차지하고 있는 면적을 60%까지 허가한다는 의미다. 즉, 대지가 100평이면 하늘에서 봤을 때 건물은 60평까지만 차지해야 한다.

제2종 일반주거지역의 용적률은 250%다. 용적률이란, 건물 바닥 면적의 합계와 대지 면적의 비율을 의미한다. 4개 층이 균일하게 60평씩 썼다면 총 240평을 바닥으로 쓰는 것이 되고, 용적률은 240%가 된다. 이때 주차장 면적은 건축 면적에 포함되지 않는다. 따라서 다세대주택을 지을 때 1층을 주차장으로 쓰고 2층부터 5층까지 4개 층을 건축하는 게 일반적이다.

이제 100평짜리 대지에 바닥 면적이 60평이고, 전체 바닥 면적이 240평인 4층짜리 다세대주택을 지으려 한다고 해보자. 건폐율, 용적률만 보면 아무런 하자가 없다. 그런데 이 다세대주택은 건축허가를 받을 수 없다. 왜 그럴까. 앞서 이야기한 것처럼 다세대주택에는 면적 제한이 있어, 한 개 동의 최대 건축 면적이 660㎡를 넘을 수 없다. 이는 약 200평이 안 된다.

제2종 일반주거지역에 있는 100평짜리 대지에서 건폐율, 용적률을 따지면 240평까지 지을 수 있지만 건축법에서는 그 크기의 다세대주택 허가를 내주지 않는다. 100평짜리 땅을 사고도 건물 전체의 면적을 200평 이하로 건축해야 한다는 의미다.

만약 대지 면적이 40평이라면 어떻게 될까. 40평의 60%는 24평이다. 하늘에서 내려다본 건물이 24평을 넘으면 안 된다. 1개 층이 24평이라고 친다면, 24평 안에는 계단실도 있어야 한다. 엘리베이터실도 설치될 가능성이 높다. 요즘에는 웬만하면 엘리베이터가 있는 빌라를 선택하려고 한다. 계단과 엘리베이터가 차지하는 규모는 통상 4평 전후다. 바닥 면적이 24평인데 계단실이 4평을 잡아먹으면 남은 면적은 20평이다.

한 집 당 20평씩 주면, 4개 층에 4세대가 들어올 수 있다. 그런데 계단까지 만들었는데 4세대만 입주한다면 이 빌라를 개발해서 판매하는 건설사 입장에서는 이윤이 날까? 채산성이 맞지 않는다. 집을 사는 사람 입장에서 봐도 혼자서 1개 층 복도 4평에 대한 비용을 모두 물어야 하니 부담이 크다.

그럼 1개 층에 2세대를 넣으면 어떨까. 10평짜리 2세대가 나온다. 다세대주택의 이런 집은 분양하기 어렵다. 10평이면 방 하나에 작은 주방과 화장실이 들어가면 끝이다.

만약 토지가 80평이었다면 어떻게 될까. 80평에 건폐율 60%를 적용하면 48평이다. 1개 층의 바닥 면적이 48평이면, 4개 층까지 올렸을 때 192평이 된다. 용적률(250%)도 지키면서 건축법상에서 제한하는 다세대주택 면적(660㎡ 이하)에도 들어온다. 48평에서 계단실 면적 4평을 빼면 44평, 이것을 다시 두 세대로 나누면 22평씩 쓸 수 있다. 실제 사용하는 실내면적이 22평이면 방 세 개에 주방과 거실, 화장실 두 개를 갖춘 세대가 나온다. 아무리 커도 80평 이상은 빌라를 지을 땅으로 매력이 없다는 것을 알 수 있다.

그럼 대지가 60평이면 어떨까. 건폐율 60%를 적용하면 건축 가능한 바닥 면적이 36평이다. 여기서 계단실 4평을 빼면 32평, 세대당 사용 면적은 16평이 된다. 이 정도만 돼도 세대 구성이 가능하다.

결론을 내보자. 다세대주택을 지을 땅은 60~80평이 적절하다. 왜냐하면 빌라 사업자는 면적 제한 때문에 용적률을 다 쓸 수 없으므로, 100평의 땅이라고 해도 80평만 필요하기 때문이다. 따라서 필요 없는 20평에 대한 비용은 지불할 생각이 없는 것이 당연하다. 빌라 사업자는 빌라 한 동을 지을 땅을 기준으로 토지 매입가를 계산한다. 그런데 토지투자자는 3.3㎡당 시세로 토지 매매가를 계산한다. 동상이몽이 아닐 수 없다.

다음의 사례를 한번 살펴보자(〈도표 6-2〉). 서울 구도심 제2종 일반주거지역에서 30평짜리 토지가 경매에 나왔다. 위치를 보면 빌라를 짓기에 좋아 보이지만, 땅 크기가 너무 작다. 건폐율과 용적률을 적용해보면 세대당 면적이 14평밖에 나오지 않는다. 제2종 일반주거지역이라고 하나 땅의 면적이 협소해서 빌라 지을 땅으로는 부적합한 셈이다.

'빌라 지을 땅은 60~80평'이라는 공식을 외워두면 토지투자가 쉬워진다.

〈도표 6-2〉 2016타경 11103

소 재 지	서울특별시 도봉구 창동 609-6 도로명주소검색							
물건종별	주택	감 정 가	424,190,000원	오늘조회: 1 2주누적: 2 2주평균: 0 조회동향				
토지면적	98.5㎡(29.796평)	최 저 가	(100%) 424,190,000원	구분	입찰기일	최저매각가격	결과	
				1차	2016-12-26	424,190,000원	변경	
					2017-02-13	424,190,000원	변경	
건물면적	87.5㎡(26.469평)	보 증 금	(10%) 42,420,000원		2017-04-10	424,190,000원		
				낙찰: 424,190,000원 (100%)				
매각물건	토지 · 건물 일괄매각	소 유 자	○○○	입찰: 1명 / 낙찰: -				
				매각결정기일: 2017-04-17 - 매각허가결정				
개시결정	2016-08-12	채 무 자	○○○	대금지급기한: 2017-05-26				
				대금납부: 2017-05-25 /				
사 건 명	임의경매	채 권 자	○○○	배당기일: 2017-06-23				
				배당종결: 2017-06-23				

목록	지번	용도/구조/면적/토지이용계획		㎡당 단가	감정가
토지	창동 609-6	도시지역, **제2종일반주거지역(7층이하),** 도로(접합), 가축사육제한구역	대 98.5㎡ (29.975평)	4,040,000원 (2,335,000원)	397,940,000원

자료: 굿옥션

다가구주택을 지을 땅은 50평이어도 괜찮다

앞서 다세대주택을 짓기에 적합한 규모의 토지투자에 대해서 알아봤다. 그런데 땅 규모가 작아서 다세대주택을 짓기에 부적합한 땅은 어떻게 해야 할까. 포기해야 할까? 아니다. 다가구주택을 지으면 된다.

다가구주택은 단독주택 내에 여러 가구가 독립적으로 살 수 있도록 구획된 주택이다. 주인은 한 명이고, 여러 가구가 세 들어 사는 형태를 말한다. 요즘은 월세를 받을 수 있는 다가구주택의 인기가 높다. 따라서 다가구주택을 지을 수 있는 토지투자에도 관심을 가져볼 만하다. 〈도표 6-3〉의 실제 경매 물건을 살펴보며 다가구주택용 토지투자 요령에 대해 살펴보겠다.

2014년 수원시 팔달구 화서동 제2종 일반주거지역에 자리한 단독주택이 경매에 나왔는데, 다세대주택을 짓기에 딱 좋은 땅이었다. 대지 면적이 182㎡(약 55평)로 제2종 일반주거지역의 건폐율 60%를 적용하면 바닥 면적을 33평까지 지을 수 있다.

이 땅에 다세대주택을 짓는다고 가정하고 계산해보자. 바닥 면적 33평에서 계단실 등의 공용 면적(4평)을 제외하면 세대 면적으로 29평을 쓸 수 있다. 1개 층에 2세대를 넣는다고 가정하면, 세대당 14.5평을 사용할 수 있는 셈이다. 다세대주택은 주택으로 쓰는 층이 4개 층까지 가능하기 때문에, 이는 1개 층에 2세대씩 총 8세대를 지을 수 있는 땅이다.

그러나 세대 면적만 따질 일이 아니다. 주차장 면적도 따져야 한

〈도표 6-3〉 2017타경 68855

소재지	경기도 수원시 팔달구 화서동 65-18 도로명주소검색							
물건종별	주택	감정가	415,126,300원		오늘조회:1 2주누적:1 2주평균:0 조회동향			
토지면적	182.5㎡(55.206평)	최저가	(70%) 290,588,000원	구분	입찰기일	최저매각가격	결과
				1차	2014-06-13	415,126,300원	유찰
건물면적	114.88㎡(34.751평)	보증금	(10%) 29,060,000원		2014-07-18	290,588,000원	취하
매각물건	토지 · 건물 일괄매각	소유자	○○○				
개시결정	2013-12-30	채무자	○○○		본 사건은 취하(으)로		
사건명	임의경매	채권자	○○○		경매절차가 종결되었습니다.		

목록	지번	용도/구조/면적/토지이용계획	㎡당 단가(공시지가)	감정가	비고
토지	화서동 65-18	도시지역,제2종일반주거지역,소로2류(접합), 가축사육제한구역	대 182.5㎡ (55.206평)	362,445,000원	표준공시지가: (㎡당) 1,080,000원

자료: 굿옥션

다. 토지가 55평인 경우, 주차 대수 여덟 대가 대체로 불가하다. 다세대주택은 세대마다 한 대씩 주차를 배정해야 한다. 법적으로는 면적에 따라 차등을 두지만, 현실적으로 주차가 불가능한 다세대주택을 분양받아 입주할 사람은 없기 때문이다. 결국 이 땅도 다세대주택을 짓기에는 불리하다(이외에도 북측 대지에 일조권사선제한 문제도 있다. 이 때문에도 이 땅은 다세대주택 건축용으로는 부적합하다).

그런데 다가구주택으로 접근하면 이야기가 달라진다. 다가구주택은 주택으로 쓰이는 층수(지하층 제외)가 3개 층 이하고, 1개 동의 주택으로 쓰는 바닥 면적(지하주차장 면적 제외)의 합계가 660㎡ 이하여야 한다. 또 최대 19세대까지 거주할 수 있다. 따라서 1층에 상가를 넣고 2~3층에 임대 세대를, 4층에 주인 세대를 넣으면 딱 좋은 다가구주택이 된다.

앞에서 본 땅의 지적도를 보면 사거리의 코너에 위치한 것을 알 수 있다(〈도표 6-4〉).

개방감과 접근성이 좋은 코너 땅은 그렇지 않은 땅보다 일반적으로 시세가 비싸다. 물론 다세대주택이나 다가구주택을 건축할 땅으로 괜히 비싼 코너를 고집할 필요는 없다. 그러나 이 경우처럼 채 60평이 되지 않는 땅이라면 코너가 훨씬 좋다. 좀 더 비싸더라도 말이다.

〈도표 6-5〉의 2017년 로드뷰를 확인하니, 2014년 경매 당시 보이던 붉은 벽돌의 2층 주택은 사라지고 근사한 다가구주택이 자리하고 있다. 신축한 다가구주택 주변을 살펴보니, 총 다섯 대의 주차공간이

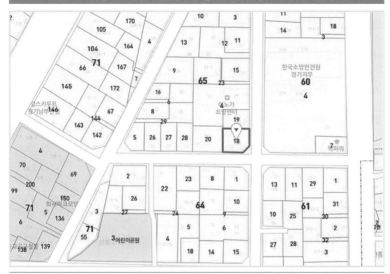

〈도표 6-4〉 경기도 수원시 팔달구 화서동 65-18 위치 및 인근 전자지적도

자료: 네이버 지도

확보돼 있다. 건물 앞면에 한 대, 측면에 두 대씩 주차선을 구획한 것을 확인할 수 있다(책에서는 일일이 주차선을 보여줄 수 없기 때문에 직접 인터넷을 검색하면 훨씬 이해하기 쉬울 것이다). 물론 건축물대장을 열람해도 주차 대수를 확인할 수 있다. 주차 대수가 다섯 대라는 것은 적어도 다섯 세대 이상 살고 있다는 이야기다. 건물도 큼직하게 자리를 잘 잡고 있는 것이 보인다.

만약 여기에 다세대주택을 지었다면 어땠을까. 지금의 다가구주택보다 훨씬 왜소한 형태의 주택이 됐을 것이다. 다세대주택을 신축할 때는 인접 대지와의 경계에서 1.5m를 띄어 지어야 한다. 도로는 물론 이웃과 접한 경계선에서 1.5m 안쪽에 건물이 올라갔다고 상상해

나는 오를 땅만 산다

〈도표 6-5〉 경기도 수원시 팔달구 화서동 65-18 로드뷰(2017년 6월)

자료: 다음 지도

보면 답이 나온다.

이에 비해 다가구주택은 인접 경계에서 50cm만 후퇴하면 된다. 1m 차이가 별것 아닐 것 같지만, 소규모 땅에 건축하다 보면 매우 큰 차이임을 실감하게 된다. 55평짜리 땅에서 1.5m를 후퇴해서 건물을 지으려면, 건물 모양도 제대로 나오기 어렵고 법이 정한 용적률과 건폐율을 제대로 사용하기 어렵다. 이처럼 다가구주택은 대지 경계에서 50cm만 들어가면 되기 때문에 좁은 땅에서는 다세대주택을 지을 때보다 이득이다. 특히 코너 땅은 주차 대수를 확보하기 좋기 때문에 좀 더 유리하다.

요즘에는 다가구주택의 전세가율이 높기 때문에 주인 세대를 넣은 다가구 형태의 임대주택을 많이 선호한다. 따라서 토지투자를 할 때

제2종 일반주거지역에 50평짜리 땅이 나타났다면 유심히 봐야 한다. 그런 후 건축사를 찾아가서 주차 대수를 몇 대나 넣을 수 있는지 확인하고, 다가구주택으로 지을 때 땅의 가치가 얼마나 올라갈지 구상해볼 것을 권한다.

같은 동네의 다른 땅들의 상황은 어떤지 좀 더 살펴보자.

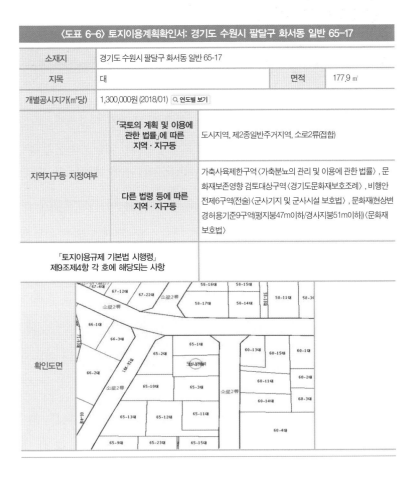

〈도표 6-6〉 토지이용계획확인서: 경기도 수원시 팔달구 화서동 일반 65-17

소재지	경기도 수원시 팔달구 화서동 일반 65-17		
지목	대	면적	177.9 ㎡
개별공시지가(㎡당)	1,300,000원 (2018/01) Q 연도별 보기		
지역지구등 지정여부	「국토의 계획 및 이용에 관한 법률」에 따른 지역·지구등	도시지역, 제2종일반주거지역, 소로2류(접합)	
	다른 법령 등에 따른 지역·지구등	가축사육제한구역〈가축분뇨의 관리 및 이용에 관한 법률〉, 문화재보존영향 검토대상구역〈경기도문화재보호조례〉, 비행안전제6구역(전술)〈군사기지 및 군사시설 보호법〉, 문화재(현상변경허용기준9구역(평지붕47m이하/경사지붕51m이하)〈문화재보호법〉	
	「토지이용규제 기본법 시행령」 제9조제4항 각 호에 해당되는 사항		
확인도면			

〈도표 6-6〉의 물건은 앞서 본 경매 물건 바로 근처에 있는 다른 땅이다. 면적은 177.9㎡로 앞의 경매 물건인 182㎡와 비슷하다. 그런데 땅 모양이 매우 다르다. 도로에 접한 면은 좁고 안쪽으로 길게 펼쳐진 형태인데, 이렇게 모양이 가늘고 긴 땅을 세장형(細長型)이라고 한다.

필지 크기가 작을 때는 땅 모양이 매우 중요하다. 만약 이 땅에 다가구주택을 짓는다고 상상해보자. 도로와 접한 대지의 길이가 약 9m인데, 바뀐 건축법에 따르면 주차 폭이 2.5m가 돼야 하므로 세 대밖에 주차하지 못한다.

같은 동네에 있는 같은 50평 남짓의 땅인데, 건축 결과는 확연히 달라진다. 주차를 다섯 대나 할 수 있는 코너 땅과 주차를 세 대밖에 할 수 없는 세장형 땅 가운데, 어느 땅의 투자 가치가 더 높을까. 당연히 코너 땅이다

정리해보자. 제2종 일반주거지역이 경매에 나왔다면 우선 빌라(다세대주택) 짓기 좋은 땅인지 검토한다. 빌라를 짓기에 규모가 작다면 다가구주택 짓기를 검토한다. 주차 대수가 다섯 대 정도 확보되는 땅이라면 다가구주택 짓기에 더없이 좋은 조건이다. 그러려면 코너 땅이어야 한다. 다가구주택용 토지에 투자할 때는 도로와 인접한 면이 길어야 주차를 많이 할 수 있다는 점을 기억하라.

전용주거지역 투자 시
꼭 알아야 할 두 가지

이번에는 전용주거지역 토지투자의 기술에 대해 다뤄보려고 한다. 전용주거지역은 말 그대로 주택전용지역이다. 상업시설은 제한적으로 허가하고, 주택 위주로 동네를 조성해 쾌적한 주거 환경을 자랑한다.

전용주거지역에 투자하는 경우는 크게 두 가지다. 하나는 구도심에 투자하는 것이고, 또 하나는 신도시에 투자하는 것이다. 구도심에서는 내로라하는 고급단독주택 밀집 지역이 주로 전용주거지역으로 분류돼 있다. 대표적인 곳이 연희동, 평창동 등이다. 또 신도시는 건설될 때 주거전용지역이 만들어진다. 이렇게 주거전용지역 토지에 투자할 때는 구도심과 신도시의 접근법이 달라야 한다.

구도심에서는 전용주거지보다 일반주거지가 낫다

먼저 구도심 전용주거지역에 대한 투자 기술부터 살펴보자. 최근 부동산 시장에서 구도심의 단독주택지역이 '핫플레이스'로 떠오르면서 토지투자자들의 관심을 끌고 있다. 이와 관련된 뉴스를 먼저 살펴보자.

── 전두환 전 대통령 등 유명인사가 거주하는 고급 단독주택가로 알려진 서울 서대문구 연희동이 옆 동네 홍대를 따라 '뜨는 상권'으로 주목을 받고 있다.

단독주택을 리모델링한 상가에 청년들이 운영하는 아기자기한 카페와 음식점, 공방 등이 속속 들어서면서 젊은층의 발걸음도 늘었다.

(…) 연희동 공인중개업소 관계자들에 따르면 전용면적 33㎡ 점포 기준 사러가쇼핑센터 앞길의 월 임대료는 3.3㎡당 130만~150만원, 보증금은 3000만원 전후다. 이면부로 갈수록 가격이 낮아지지만, 대부분 2년 전보다 30% 이상 올랐다.

연희동 대부분이 전용주거지역이라 지금보다 상권이 커지기 어렵다는 것도 고려해야 할 부분이다. 전용주거지역의 경우 소규모 카페나 옷가게 등이 제한적으로 허용되고 주류를 파는 일반음식점은 운영할 수 없다.

연희동 W공인 관계자는 "연희동에는 전용주거지역이 많아 저녁에도 유동인구가 많은 상권으로 발전할 수 있을지 의문"이라면서 "가게를 내려는 사람들의 문의가 계속 있는데, 여러 제약이 있는 연희동에서 살아남을 만한 특색을 갖췄는지 먼저 살펴보는 것이 좋다"고 했다.

－"홍대 따라 젊어진 연희동…단독주택 상가로 변신중", 〈조선비즈〉, 김수현, 2017. 01. 20.

고급단독주택가로 알려진 서울 서대문구 연희동 이야기다. 사러가 쇼핑몰 뒤편 골목길 일대에 단독주택이 밀집해 있는데, 최근 몇 년 사이 가격이 상당히 올랐다. 그 이유 중 하나가 오래된 단독주택을 예쁘게 리모델링해 개성 있는 상점을 입점시키면서 연희동을 찾는 사람들이 많아졌기 때문이다.

〈도표 6-7〉 서울시 서대문구 연희동 130-1 일대

자료: 다음 지도

나는 오를 땅만 산다

뜬금없이 왜 전용주거지역 이야기를 꺼내는 걸까. 전용주거지역의 단독주택지도 투자처로서 매력이 있기 때문이다. 다만 인기 단독주택지역에 투자하기 전에 이것만은 꼭 비교하고 넘어가자.

골목길을 사이에 두고 마주보는 두 필지를 비교하면서, 전용주거지역 토지에 투자할 때 주의해야 할 점에 대해 짚어보겠다.

〈도표 6-8〉 토지이용계획확인서: 서울특별시 서대문구 연희동 일반 130-1			
소재지	서울특별시 서대문구 연희동 일반 130-1		
지목	대	면적	212.2㎡
개별공시지가(㎡당)	3,782,000원 (2018/01) Q 연도별 보기		
지역지구등 지정여부	「국토의 계획 및 이용에 관한 법률」에 따른 지역·지구등	도시지역(2012-08-09), **제1종일반주거지역**	
	다른 법령 등에 따른 지역·지구등	가축사육제한구역〈가축분뇨의 관리 및 이용에 관한 법률〉, 상대보호구역(최종확인인가할교육청)〈교육환경 보호에 관한 법률〉, 대공방어협조구역(위탁고도:77-257M)〈군사기지 및 군사시설 보호법〉, 과밀억제권역〈수도권정비계획법〉	
	「토지이용규제 기본법 시행령」 제9조제4항 각 호에 해당되는 사항		

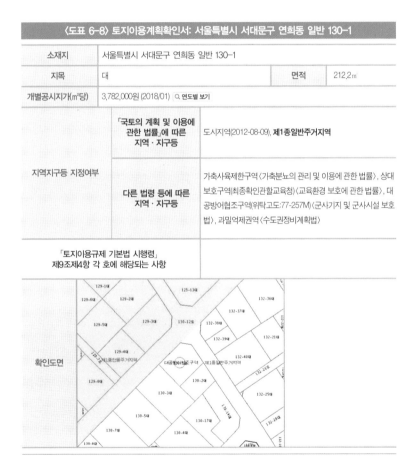

소재지	서울특별시 서대문구 연희동 일반 129-3		
지목	대	면적	345.5 ㎡
개별공시지가(㎡당)	3,685,000원 (2018/01) Q 연도별 보기		

지역지구등 지정여부	「국토의 계획 및 이용에 관한 법률」에 따른 지역·지구등	도시지역(2012-08-09), **제1종전용주거지역(1997-12-08)**
	다른 법령 등에 따른 지역·지구등	가축사육제한구역〈가축분뇨의 관리 및 이용에 관한 법률〉, 상대보호구역(최종확인관할교육청)〈교육환경 보호에 관한 법률〉, 대공방어협조구역(위탁고도:77-257M)〈군사기지 및 군사시설 보호법〉, 과밀억제권역〈수도권정비계획법〉
「토지이용규제 기본법 시행령」 제9조제4항 각 호에 해당되는 사항		

확인도면

구도심의 단독주택지에 투자한다면 연희동처럼 단독주택을 용도 변경해서 상업공간으로 활용하려는 목적이 크다. 같은 단독주택이라도 골목길 하나를 두고 일반주거지역에 있는 단독주택이 있고, 전용주거지역에 있는 단독주택이 있다. 둘 중 어디에 투자해야 좋을까.

〈도표 6-8〉의 연희동 130-1번지는 제1종 일반주거지역인데, 개

별공시지가가 ㎡당 378만 2,000원이다. 〈도표 6-9〉의 129-3번지는 제1종 전용주거지역으로 ㎡당 개별공시지가가 368만 5,000원이다. 둘은 ㎡당 9만 7,000원 차이가 나는데, 이들의 용도지역은 제1종 일반주거지역과 제1종 전용주거지역으로 각각 다르다.

이 둘의 가장 큰 차이는 무엇일까.

도시계획조례를 보면, 제1종 일반주거지역에서는 "일반음식점으로서 건축물에 해당 용도로 쓰는 바닥 면적의 합계가 1,000㎡ 미만인 것"은 건축할 수 있다고 나와 있다. 바닥 면적의 합계가 약 300평 미만인 음식점을 개업할 수 있다는 이야기다. 일반음식점은 술을 취급할 수 있는 일반 식당, 와인바, 술집 등이 모두 포함된다. 왜 갑자기 음식점 이야기를 하는지 의아해하는 분들도 있을 것이다. 일반주거지역과 전용주거지역의 차이를 알기 위해서다.

제1종 전용주거지역에서는 제1종 근린생활시설만 허용된다. 제1종 근린생활시설에는 술을 팔지 않는 휴게음식점, 일반소매점 등이 해당된다. 전용주거지역에서는 음식점은 할 수 있어도 술은 취급할 수 없다는 이야기다. 그런데 같은 동네라도 제1종 일반주거지역에서는 술을 판매할 수 있어서 그만큼 임대 범위가 넓어진다.

연희동 130-1번지와 129-3번지는 골목길을 사이에 두고 마주보고 있는데, 한쪽은 일반주거지역이고 한쪽은 전용주거지역이다. 지금 당장은 두 땅의 공시지가 차이가 ㎡당 9만 7,000원 밖에 나지 않지만, 나중에 용도 변경할 때는 일반음식점을 할 수 있느냐 없느냐의 차이로 바뀌게 된다.

결론적으로 구도심의 단독주택지에 투자할 때는 가급적이면 전용
주거지역보다 일반주거지역에 해야 한다.

택지개발지구 전용주거지는 초기에 매입해야

택지개발지구 내의 전용주거지역은 어떨까. 택지개발지구가 지정되
면 시행자인 LH는 기존 토지주들이 소유한 땅을 수용하는 대신 보상
을 한다. 여기에 '딱지'까지 준다. 즉, 택지개발지구 지정 전부터 일
정 면적 이상의 토지를 갖고 있던 사람에게는 일반 공모가보다 싸게
단독주택지를 살 권리를 준다(이를 '협의양도인택지'라고 부른다).

신도시가 건설되면 딱지로 받은 전용주거지역에 들어가 집을 짓고
사는 원주민도 있지만, 프리미엄을 얹어 파는 경우가 많다. 이때 원
주민이 가진 전용주거지역을 사는 것도 토지투자의 일종이다. 다만
꼭 알아야 할 점이 있다. 사례를 들어가며 천천히 설명해보겠다.

〈도표 6-10〉과 같이, 화성신도시 안에 마련된 전용주거지역의 한
필지가 경매에 나왔다. 경매감정가가 4억 원 정도였는데, 3억 3,000
만 원에 낙찰됐다. 경매 토지 주변을 로드뷰로 살펴보자.

가장 최근에 찍은 〈도표 6-11〉의 2017년 9월 로드뷰를 보면 멋진
단독주택이 즐비해 있다.

〈도표 6-10〉 2014타경 45750

소 재 지	경기도 화성시 반송동 176-5 외 2필지 도로명주소검색			
물건종별	대지	감 정 가	411,046,700원	오늘조회:1 2주누적:1 2주평균:0 조회동향
토지면적	351.73㎡(106.398평)	최 저 가	(70%) 287,733,000원	구분 / 입찰기일 / 최저매각가격 / 결과
건물면적	건물은 매각제외	보 증 금	(10%) 28,780,000원	1차 / 2015-01-23 / 411,046,700원 / 유찰
매각물건	토지만 매각이며, 지분 매각	소 유 자	○○○	2차 / 2015-03-04 / 287,733,000원
개시결정	2014-09-26	채 무 자	○○○	낙찰: 331,000,000원(80.53%)
사 건 명	임의경매	채 권 자	○○○	입찰: 7명 / 낙찰: - / 차순위금액: 325,000,000원

낙찰: 331,000,000원(80.53%)
입찰: 7명 / 낙찰: - /
차순위금액: 325,000,000원
매각결정기일: 2015 03 11 -매각허가결정
대급지급기한: 2015-04-17
대금납부: 2015-04-03 / 배당기일: 2015-05-07
배당종결: 2015-05-07

자료: 굿옥션

〈도표 6-11〉 경기도 화성시 반송동 176-5 일대 모습(2017년 9월)

자료: 다음 지도

'이 동네 땅을 사서 집을 지었어야 하는 건데… 아쉽다!'

단박에 이런 생각이 들고도 남을 만큼 신도시의 전용주거지역은 예쁜 풍경을 선사한다. 그런데 과연 신도시 개발 초기의 동네 모습을 보고도 이렇게 탐이 났을까?

〈도표 6-12〉의 로드뷰는 2010년 무렵의 전용주거지역 풍경이다. 멀리 아파트 단지들이 들어섰는데, 전용주거지역은 잡풀만 무성하다. 이런 풍경을 보고서는 집을 짓고 살고 싶은 마음이 생기기 어렵다. 그래서 택지개발지구의 전용주거지역은 조성 초기에는 땅값이 싸다가, 그림 같은 집들이 들어서고 나서야 땅값이 오른다.

초기 땅값이 쌀 때 토지를 갖고 있던 사람들 중 상당수가 바로 원주민이다. 원주민은 토지를 내주고 받은 단독주택지에 계약금만 걸

〈도표 6-12〉 경기도 화성시 반송동 176-5 일대 모습(2010년 7월)

자료: 다음 지도

나는 오를 땅만 산다

어놓은 상태로, 웃돈을 주고 구입할 새 주인을 기다리는 경우가 많다. 반대로 예비 새 주인들 입장에서는 잡풀만 무성하니 살고 싶은 생각이 들지 않아 구입을 꺼린다.

이처럼 택지개발지구 전용주거지의 특징은 초기에는 매도하고 싶은 사람들이 많은데 사려는 수요는 적고, 시간이 흘러 동네가 예뻐질수록 수요는 늘어나는데 남은 땅은 줄어든다는 점이다. 또 전용주거지의 개수가 더 늘어나지 않기 때문에 나중에는 희소성이 커지게 된다. 따라서 신도시 개발 초기에 원주민이 내놓은 값싼 전용주거지를 매입해서 몇 년 후 본격적으로 동네가 조성되는 시기에 판매하는 토지투자 기술도 써먹을 만하다.

택지개발지구가 들어서면
가치가 오르는 땅의 유형

택지개발지구가 들어서면 주변 땅들의 가치도 오른다. 그렇다고 택지개발지구 주변 모든 땅의 가치가 오르는 것은 아니다. 오르는 땅은 따로 있다. 대표적인 것이 취락지구다.

취락지구는 녹지지역이나 개발제한구역 내 일정 세대수 이상이 모여 취락이 형성된 곳의 취락을 정비하기 위해 지정한 곳이다. 이렇게 취락지구를 지정하면 종전보다 건폐율을 높여 건축을 허가를 내준다.

취락지구는 자연취락지구와 집단취락지구로 나뉘는데, 자연취락지구는 주로 계획관리지역이나 자연녹지지역 내에 있고 집단취락지구는 개발제한구역 내에 존재한다. 이런 취락지구의 가치는 주변을 에워싸고 있는 자연녹지지역, 계획관리지역 또는 개발제한구역에 대규모 개발이 일어나 큰 변화가 있을 때 크게 올라간다.

〈도표 6-13〉 2014타경 17755

소 재 지	경기도 오산시 세교동 384 도로명주소검색						
물건종별	대지	감 정 가	939,320,000원	오늘조회:1 2주누적:1 2주평균:0 조회동향			
토지면적	1021㎡(308,852평)	최 저 가	(49%) 460,267,000원	구분	입찰기일	최저매각가격	결과
				1차	2014-10-23	939,320,000원	유찰
				2차	2014-11-25	657,524,000원	유찰
건물면적	건물은 매각제외	보 증 금	(10%) 46,030,000원	3차	2014-12-30	460,267,000원	
매각물건	토지만 매각	소 유 자	○○○	낙찰: 491,530,000원 (52.33%)			
				입찰 1명 / 낙찰: -			
개시결정	2014-04-14	채 무 자	○○○	매각결정기일: 2015-01-06 -매각허가결정			
				대금지급기한: 2015-02-12			
사 건 명	임의경매	채 권 자	○○○	대금납부: 2015-01-21 / 배당기일: 2015-02-13			
				배당종결: 2015-02-13			

자료: 굿옥션

〈도표 6-14〉 경기도 오산시 세교동 384 위치 및 인근 지도

자료: 네이버 지도

경기도 오산시 오산세교택지개발지구 인근에 위치한 세교동 384번지다(〈도표 6-13〉).

토지 면적이 1,021㎡(약 308평)로 감정가는 9억 3,900만 원에 달했다. 3.3㎡ 기준 300만 원 정도였는데 낙찰가는 4억 9,500만 원이었으니, 절반 가격 정도에 배당받은 셈이다. 토지 위에 건물이 있지만, 거의 허물어질 듯한 낡은 건물로 의미가 없어 보인다. 땅의 용도는 도시지역, 자연녹지지역이며 자연취락지구에 포함된다.

〈도표 6-14〉의 지도를 보면 경매 물건지는 세교택지개발지구와 인접해 있고, 서울지하철 1호선 세마역과도 가깝다. 2014년 입찰 당시에 이미 세교지구가 조성되고 있었다. 아파트와 상가가 지어지고, 지구로 들고나는 주변 도로가 확충되고, 신도시의 활동 인구도 빠르게 늘었다.

낙찰받은 이 땅에는 현재, 규모 있는 원룸주택 두 개 동이 들어서

〈도표 6-15〉 경기도 오산시 세교동 384 인근 모습

자료: 다음 지도

나는 오를 땅만 산다

있다. 로드뷰를 통해 확인해보자(〈도표 6-15〉).

왜 택지개발지구가 들어서면 주변에 원룸주택이 건축되는 걸까. 차라리 택지개발지구 안에 짓고 임대하면 될 일 아닌가. 아마 택지개발지구의 단독주택지와 택지지역 외곽에 자리한 일반 대지와 어떤 차이가 있는지 알게 되면 이 같은 현상을 이해할 수 있을 것이다.

신도시나 택지개발지구를 개발할 때는 '지구단위계획'이라는 계획을 세운다. 이 계획은 신도시 내의 용지마다 어떤 성격의 건물을 지을지, 층은 어떻게 할지, 가구 수는 어떻게 할지 일일이 정한 후 강제한다.

예를 들어 원룸을 지어서 임대할 수 있는 신도시 내의 용지는 단독주택용지 정도다. 단독주택용지 중에서도 점포겸용용지에서 가능하다. 그런데 개발 계획에서는 점포용지의 층수와 가구 수까지 제한한다. 신도시 상가주택이 주로 1층에 상가, 2층에 투룸, 3층에 주인이 거주하는 주택으로 구성되는 이유가 바로 층과 가구 수 제한 때문이다. 오산세교지구의 경우, 건물을 지을 때 1층에 근린생활시설을 넣고 위에 세 가구만 지을 수 있도록 지정돼 있다.

신도시 밖은 어떨까. 신도시의 까다로운 개발 계획이 아닌 일반 건축법의 적용을 받기 때문에 개발이 더 쉽다. 앞서 본 경매 필지도 마찬가지다. 필지를 둘로 나눠 원룸으로 꽉 찬 건물 두 개를 지어놓았다. 이런 집을 지어놓으면 임대가 잘된다. 신도시 내에 원룸이 없기 때문에 가까운 곳을 찾아 이동하는 것이다.

〈도표 6-16〉 경기도 오산시 세교동 384 개황도

자료: 굿옥션

이 땅은 자연취락취구로, 사람들이 조금씩 모여 살던 곳이었다. 그런데 신도시가 들어오면서 인기 있는 땅으로 등극했다.

필지 모양도 반듯하지 않은 이 땅이, 졸지에 원룸 수입이 그득한 땅으로 변모했다. 땅값은 얼마나 올랐을까. 분명 많이 올랐을 것이다.

2014년 12월 경매를 받을 때만 해도 세교지구의 인기는 그다지 높지 않았다. 그러나 3년의 시간이 흐르는 동안 세교지구가 신도시의 형태가 갖추며 주변의 토지 가격이 많이 올랐다. 이 땅이라고 해서 안 오를 리 만무하다.

나는 오를 땅만 산다

택지개발지구 등장으로
가치가 오르는 개발제한구역

택지개발지구가 들어서면 가치가 오르는 토지의 유형들을 살펴보고 있다. 앞에서는 택지개발지구와 인접해 있는 취락지구에 원룸 등을 지어 임대할 수 있는 땅을 소개했다. 이번에는 택지개발지구가 들어섰을 때 일반음식점을 개업하기에 좋은 땅을 찾아보려 한다.

신도시에 가보면 도시 외곽 변두리 땅에 개업해서 성황 중인 식당들이 적지 않다. 이런 집들이 원래부터 식당이었을까? 아니다. 대부분 택지개발지구 조성으로 배후 수요가 늘어나면서 기존 주택을 일반음식점으로 용도를 바꿔서 사용하는 경우다.

신도시 외곽에 있던 기존 주택을 일반음식점으로 용도 변경하는 게 가능한 것일까? 가능하다면 택지개발지구의 완성과 함께 땅의 가치는 높아지게 돼 있다. 그런데 문제는 이런 주택이 개발제한구역에 포함돼 있다는 것이다. 신도시는 주로 그린벨트를 해제해서 개발하기 때문에 외곽에 접한 땅들 역시 개발제한구역일 가능성이 높다. 개발제한구역은 말 그대로 개발을 억제하기 위해 지정한 지역인데, 예외적으로 할 수 있는 시설들이 있다.

사례를 보면서 택지개발지구가 들어섰을 때 어떤 땅이 가치가 오를 만한 개발제한구역인지 알아보자. 〈도표 6-17〉은 한 수강생이 2017년 12월에 낙찰받은 땅이다.

수원시 권선구 당수동에서 지목이 '대'인 땅과 주택으로 사용 중인 건물이 경매로 나왔다. 여기서 지목이란 '공간정보구축 및 관리

〈도표 6-17〉 2017타경 9236

소재지	경기도 수원시 권선구 당수동 499-2 외 1필지 도로명주소검색							
물건종별	주택	감정가	948,889,040원	오늘조회: 1 2주누적: 1 2주평균: 0 조회동향			
				구분	입찰기일	최저매각가격	결과
토지면적	1065㎡(322.162평)	최저가	(70%) 664,222,000원	1차	2017-09-05	948,889,000원	유찰
				2차	2017-10-13	664,222,000원	
건물면적	335㎡(101.337평)	보증금	(10%) 66,430,000원	낙찰: 768,923,000원 (81.03%)			
매각물건	토지 · 건물 일괄매각	소유자	○○○	입찰 4명 / 낙찰: - / 차순위금액: 760,000,000원			
				매각결정기일: 2017-10-20 -매각허가결정			
개시결정	2017-04-11	채무자	○○○	대금지급기한: 2017-11-30			
				대금납부: 2017-11-16 / 배당기일: 2017-12-12			
사건명	임의경매	채권자	○○○	배당종결: 2017-12-12			

자료: 굿옥션

등에 관한 법률'에 따라 토지의 이용 목적에 맞춰 붙여진 명칭인데 논으로 쓰이면 '답', 밭으로 쓰이면 '전', 산이면 '임야', 공장이면 '장', 창고면 '창'으로 불리고, 주택과 상가 같은 일반적인 건물은 '대'로 쓰인다.

토지이용계획확인서를 확인해보니 도시지역, 자연녹지지역에 위치하며 개발제한구역에 포함돼 있다. 나는 왜 수강생에게 개발제한구역인 땅을 낙찰받으라 했을까.

개발제한구역은 흔히 그린벨트라고 부르는데 이 땅에서는 할 수 있는 것이 거의 없다. 개발제한구역이라는 용어 자체에서 느껴지듯이, 개발을 못 하게 묶어놓은 구역이기 때문이다. 이 구역 안에서는 토지의 형질 변경이나 토지 분할 또는 건축물의 신축이나 증축 또는 용도 변경 등의 행위가 제한된다. 그러나 1993년 9월부터는 개발제한구역 지정 목적에 위배되지 않는 범위 내에서 국민생활의 편익을 위한 최소한의 시설은 허가권자의 승인 및 허가를 받아 개발할 수 있다.

개발제한구역이라고 해도 예외적으로 할 수 있는 개발이 있다는 이야기인데, 수강생은 이 점을 노린 것이다. 그중 대표적인 것이 근린생활시설의 증축 및 신축이다. 관련법의 시행령을 살펴보면 개발제한구역 주민의 주거 생활편익 및 생업을 위한 근린생활시설에 대한 조항이 다음과 같이 나와 있다.

— ① 법 제12조제1항제8호에서 "대통령령으로 정하는 건축물을 근린생활시설 등 대통령령으로 정하는 용도로 용도변경하는 행위"란 다음 각 호의 행위를 말한다.

(…)

10. 별표 1에 따른 건축 또는 설치의 범위에서 시설 상호 간에 용도변경을 하는 행위. 이 경우 기존 건축물의 규모·위치 등이 새로운 용도에 적합하여 기존 시설의 확장이 필요하지 아니하여야 하며, 주택이나 근린생활시설로 용도변경하는 것은 개발제한구역 지정 당시부터 지목이 대인 토지에 개발제한구역 지정 이후에 건축물이 건축되거나 공작물이 설치된 경우만 해당한다.

(…)

② 제1항제1호, 제2호 및 제4호에 따라 휴게음식점, 제과점 또는 일반음식점으로 용도변경을 할 수 있는 자는 다음 각 호의 어느 하나에 해당하는 자이어야 하며, 용도변경하려는 건축물의 연면적은 300제곱미터 이하이어야 한다. 〈개정 2016. 3. 29.〉

1. 허가신청일 현재 해당 개발제한구역에서 5년 이상 계속 거주하고 있는 자(이하 "5년이상거주자"라 한다)

2. 허가신청일 현재 해당 개발제한구역에서 해당 시설을 5년 이상 계속 직접 소유하면서 경영하고 있는 자

3. 개발제한구역 지정 당시부터 해당 개발제한구역에 거주하고 있는자(개발제한구역 지정 당시 해당 개발제한구역에 거주하고 있던 자로

서 개발제한구역에 주택이나 토지를 소유하고, 생업을 위하여 3년 이하의 기간 동안 개발제한구역 밖에 거주하였던 자를 포함하되, 세대주 또는 직계비속 등의 취학을 위하여 개발제한구역 밖에 거주한 기간은 개발제한구역에 거주한 기간으로 본다. 이하 "지정당시거주자"라 한다)

– '개발제한구역의 지정 및 관리에 관한 특별조치법 시행령' 제18조

요점은 이렇다. 개발제한구역 안에서는 개발제한구역 지정 당시부터 지목이 대인 토지와 개발제한구역 지정 당시부터 있던 기존 주택이 있는 토지에만 근린생활시설을 신축할 수 있다는 의미다.

그렇다면 개발제한구역 지정 당시라는 건 언제를 말하는 걸까. 개발제한구역은 1971년부터 지정되기 시작했는데, 지역마다 지정 시기에 차이가 있다. 따라서 해당 토지가 개발제한구역으로 지정받은 날 이전에 집이 있었거나 지목이 '대'였는지의 여부가 중요하다. 이 요건이 충족되는 집에서 5년 이상 거주하면, 주택을 상가로 용도 변경할 수 있다.

수원시 권선구청에 문의를 하니 이 물건은 개발제한구역 지정 이전부터 지목이 '대'였다. 누구든 지방자치단체 담당 공무원을 찾아가서 지번을 대면 언제 지목이 지정됐는지 알 수 있다.

그렇다면 이런 땅은 도대체 어떻게 찾는 것일까. 우선 〈도표 6-18〉의 로드뷰로 건물을 확인해보자. 건물을 보자마자 '여기에 일반 음식점을 차리면 누가 와서 음식을 먹을까' 하는 의구심을 품는 독자

자료: 다음 지도

가 있을 것이다. '우리 엄마, 아버지, 삼촌밖에는 안 올 것 같은데…'
이런 생각이 들 수도 있다.

마을 진입로에서 보니 고추밭을 지나며 시멘트로 지은 길쭉한 창
고가 보인다. 축사로 쓰던 창고다. 경매 물건은 이 창고가 있는 필지
와 안쪽으로 들어가 자리한 붉은 벽돌집이 있는 필지 두 곳으로, 모
두 지목이 '대'인 필지다.

이제 이런 건물을 근린생활시설(일반적인 상가건물)으로 용도 변경할

나는 오를 땅만 산다

때 수요가 있는지를 따져봐야 한다. 이 경매 물건은 수요가 충분해 보인다. 여기서 그 근거를 설명해보겠다.

아래의 지도를 살펴보자. 수원당수공공주택지구에서 아주 조금만 이동하면 경매 물건이 있다(〈도표 6-19〉). 불과 100m 거리인데다, 등산로도 있다. 일반음식점으로 각광받을 수 있는 물건이다.

경매 물건은 개발제한구역에 있는 대지지만, 근린생활시설을 신축할 수 있는 조건과 택지개발지구라는 배후 수요까지 갖췄다.

이제 경매에 도전해도 될까? 잠깐만 기다리시라. 여기서 끝이 아니다. 당수지구사업이 언제 진행되는지를 확인해야만 토지투자를 결정할 수 있다. 우리의 필살기, 뉴스 읽기를 통해 사업 속도를 판단해보자.

〈도표 6-19〉 당수동 경매 물건과 수원당수공공주택지구와의 거리

자료: 네이버 지도

━━ 서수원 지역 개발에 마침표를 찍는 '수원 당수 공공주택지구(당수지구)'에 대한 환경영향평가 초안이 나오는 등 사업 추진이 급물살을 타고 있다. 이르면 연내 사업계획 승인을 받아 내년부터는 본격적인 착공에 들어갈 것으로 전망된다.

15일 수원시, 한국토지주택공사(LH) 등에 따르면 시는 오는 22일 권선구청에서 '수원 당수 공공주택지구 환경영향평가서(초안)'에 대한 주민설명회를 연다.

이번 설명회는 사업 시행으로 말미암은 환경영향 및 저감대책을 주민들에게 알리고 의견을 받는 자리로 마련된다. 환경영향평가의 진행은 신도시 등 개발사업에 있어 행정절차상 '첫 단추'로 꼽히는 만큼, 당수지구 개발이 본격화됐다는 의미로 풀이된다.

당수지구는 지난해 11월 국토교통부가 수원 당수동 일대를 개발하는 '당수동 공공택지지구' 개발계획을 발표하면서 시작됐다. 사업면적만 97만8천627㎡에 이르며, 7천927세대(공동주택 7천589세대, 주상복합·단독주택 147세대, 생태마을 44세대)가 들어선다. 공동주택 10개 블록은 일반분양(5블록), 공공분양(3블록), 행복주택(2블록) 등으로 구성된다.

–"수원 당수지구 개발 '급물살'", 〈경기일보〉, 이관주, 2017. 05. 15.

2017년 10월 경매받을 당시 당수지구 관련 뉴스를 검색해보니, 2017년 5월 15일 자에 수원시가 당수지구 환경영향평가 주민설명회를 연다는 소식이 있다. 당수지구는 2016년 11월 국토교통부로부터 공공주택 지구로 지정됐다.

이후 당수지구사업이 어떻게 진행되고 있는지 알 수 있는 뉴스는 없었다. 그 길로 권선구청을 찾아갔다. 조사해보니 겉으로 드러나진 않았지만 사업이 진행되고 있었고, 이르면 내년(2018년)에 착공한다는 대답을 들을 수 있었다. 낙찰받고 몇 개월 후, 다시 당수지구 뉴스를 찾아봤다. 2018년 3월 22일 자 뉴스에 '당수지구 착수 본격화'라는 소식이 실렸다.

— 올해 본격적인 사업 착수를 앞둔 수원당수지구의 보상이 본격화된 다. LH(한국토지주택공사) 경기지역본부는 22일 수원고등PM사업단 내에 보상사업소를 신설하고 개소식을 개최했다.

(…) 지구 내에는 '복합농업테마공원', '수원형 생태마을', '수원 당 수 행복주택' 그리고 미래 성장동력을 위한 '자족시설' 등이 조성될 예정이다.

– "수원 균형발전 촉매 '당수지구' 보상 본격화", 〈경인일보〉, 최규원, 2018. 03. 23.

수원당수지구 보상사업소가 개소했다는 것은 보상 절차를 위한 업무 가 시작된다는 이야기다. 2017년 말에 낙찰되었으니, 5년을 거주하 면 2022년이 된다. 그때쯤이면 당수지구사업도 어느 정도 마무리될 것이고, 당연히 땅의 가치도 많이 오를 것이다.

이 경매 물건은 실제 8,000세대 대단지와 거리를 재기 민망스러울 정도로 가까운 곳에 있다. 불과 180m 거리에.

2022년, 이 토지의 가치는 어떻게 변할까. 그 판단은 여러분에게 맡긴다.

정리해보자. 택지개발지구는 거의 다 개발제한구역에 조성된다. 택지개발지구 주변에서 개발제한구역 지정일 이전에 지목이 '대'인 땅을 찾자. 5년 거주 후에는 일반음식점으로 용도를 변경할 수 있고, 자연스럽게 땅값도 오른다. 당장 써먹을 수 있는 토지투자의 기술이 아닐 수 없다.

택지개발지구가 들어섰는데
맹지가 된 땅

택지개발지구가 등장하면 주변 땅의 가치가 덩달아 오른다. 그런데 택지개발지구 주변의 땅이라고 모두 좋아지는 것은 아니다. 택지개발지구 등장으로 맹지가 되는 땅도 있다. 맹지란, 길이 없는 땅을 말한다. 지적도를 봤을 때, 도로와 닿는 부분이 조금도 없다면 맹지다. 원칙적으로 맹지에는 건축허가를 받을 수 없으니 투자해서는 안 된다. 오산세교지구 사례를 통해 맹지 투자의 위험성을 기억해두자.

〈도표 6-20〉의 경매로 나온 농지는 오산세교지구로 진입하는 외곽도로상에 위치한다. 오산세교지구로 인해 주변 취락지구의 땅값은 올랐는데, 이 농지는 어떨까.

이 농지 앞 도로는 오산세교지구개발로 인해 큰 변화를 겪었다. 〈도표 6-21〉에서 2008년과 2017년 로드뷰를 비교해보자.

소재지	경기도 오산시 세교동 554-1 외 1필지 도로명주소검색							
물건종별	농지	감정가	1,625,696,100원	오늘조회:- 2주누적:- 2주평균:- 조회동향				
				구분	입찰기일	최저매각가격		결과
					2014-10-14	1,625,696,1000원		변경
				1차	2014-11-13	1,625,696,100원		유찰
				2차	2014-12-16	1,137,987,000원		낙찰
토지면적	2176.3㎡(658.331평)	최저가	(49%) 796,591,000원	낙찰: 1,241,100,000원(76.34%) / 1명 / 불허가				
				3차	2015-03-05	1,625,696,100원		유찰
				4차	2015-04-08	1,137,987,000원		유찰
				5차	2015-05-13	796,591,000원		
				낙찰: 1,188,000,000원(73.08%) / 3명 / 불허가 (차순위금액: 1,077,700,000원)				
건물면적	-	보증금	(10%) 79,660,000원	6차	2015-06-16	796,591,000원		
				낙찰: 1,188,000,000원(70%)				
매각물건	토지만 매각	소유자	○○○	입찰 5명 / 낙찰: - / 차순위금액: 1,081,100,000원				
개시결정	2014-03-11	채무자	○○○	매각결정기일: 2015-06-23 -매각허가결정 대금지급기한: 2016-03-18				
사건명	임의경매	채권자	○○○	대금납부: 2016-02-29 / 배당기일 2016-04-01 배당종결: 2016-04-01				

자료: 굿옥션

두 로드뷰를 비교해보니 2008년에는 경매 물건이 좁은 도로에 접해 있다. 택지개발지구가 조성된 2017년에는 도로가 무척 넓어지고 좋아졌다. 이 사진만 봐서는 도로 이용자가 많아져 땅값이 오를 것 같다.

그러나 한 가지 주의할 점이 있다. 바로 도로의 쓰임새다. 경매 물건이 접해 있는 도로는 상가나 시설을 편리하게 이용하도록 조성한

자료: 다음 지도

도로가 아니라, 자동차로 빠르게 이동하기 위해 만든 도로다. 도로변 땅에 투자할 때는 토지이용계획확인서를 면밀히 살펴보고 땅에 접근하는 데 불편이 없는지, 개발할 때 받을 만한 법적 제재가 없는지 반드시 확인해야 한다.

〈도표 6-22〉의 토지이용계획확인서를 자세히 보니, 이 도로는 완충녹지에 접해 있다. 도로가 접해 있는 완충녹지는 건축허가를 받기

소재지	경기도 오산시 세교동 일반 554-1		
지목	답	면적	281.6 ㎡
개별공시지가(㎡당)	531,200원 (2018/01) [Q 연도별 보기]		
지역지구등 지정여부	「국토의 계획 및 이용에 관한 법률」에 따른 지역·지구등	도시지역, 자연녹지지역(2015-03-20), 성장관리방안 수립지역, 대로2류(주간선도로,법면)(접합)	
	다른 법령 등에 따른 지역·지구등	성장관리권역〈수도권정비계획법〉	
	「토지이용규제 기본법 시행령」 제9조제4항 각 호에 해당되는 사항		

확인도면

완충녹지 ◄------

어렵다. 완충녹지에 건축하기 위해서는 지방자치단체 공원녹지과에서 녹지점용허가(녹지로 사용 중인 토지를 다른 용도로 점유해서 사용하기 위해 필요한 허가)를 받아야 한다. 그래야만 도로를 이용하는 차량이 대지로 들어올 수 있다. 물론 허가를 받을 수는 있지만 쉽지 않다. 그래서 기본적으로 도로와 물건 사이에 완충녹지가 설치돼 있으면 사실상 맹지라고 봐도 된다.

〈도표 6-23〉 완충녹지에 있는 숙박업소

출처: 다음 지도

이 경매 물건 바로 옆에 붙어 있는 숙박업소는 어떻게 건축된 것일까. 위의 로드뷰를 살펴보면, 진출입 통로가 마련돼 있고 깨끗한 현수막이 붙은 것을 보니 영업도 하고 있다(〈도표 6-23〉). 모텔은 완충녹지를 만들기 전부터 존재한 건물이다. 따라서 기득권을 인정해줬다고 보면 된다.

경매 물건 앞 도로에서도 드문드문 진출입할 수 있게 보도 턱을 낮춰놓은 것이 보인다. 그러나 큰 기대는 하지 않는 게 좋다. 공원녹지과에서 녹지점용허가를 내주지 않을 공산이 크고, 내주더라도 상당기간이 지나야 한다. 완충녹지를 만들자마자 토지주가 찾아와서 점용 허가를 받아 녹지를 훼손하겠다고 하면 지방자치단체가 환영할 리 만무하다. 나는 이 토지에 건축허가가 나는지 관심 있게 지켜보고 있다.

정리해보자. 일반적으로 신도시로 들어가는 도로가 신설되고 확장되는 것을 보면 도로변의 땅이 좋아질 거라고 예상한다. 그런데 도로가 신설되면서 주변 땅이 완충녹지로 지정될 수도 있다. 졸지에 건축허가를 받기 어려운 땅이 되는 것이다. 택지개발지구 주변 땅에 투자할 때는 이런 예외적인 것까지 함께 공부하기를 바란다.

이제는 소규모 개발 사업지, 도시개발구역에 관심을

동탄, 판교 같은 신도시 개발은 토지투자자들에게 흥미로운 소식이 아닐 수 없다. 그렇지만 아쉽게도 신도시 개발 시대는 저물었다. 과거에는 공공이 주체가 돼 도시 외곽의 특정구역을 지정해서 일시에 도시 하나를 만들었지만, 숱한 신도시를 양산한 근거법인 택지개발촉진법은 2014년에 사실상 폐지됐다.

그렇다면 개발을 멈출 것인가? 그럴 수는 없다. 택지개발을 대체해서 활발히 진행되고 있는 것이 바로 도시개발사업이다.

도시개발사업은 미니신도시사업이라 할 수 있다. 과거 신도시처럼 잘 정비된 도로와 공원, 주거단지와 적절한 녹지, 주차장 등 도시기반시설을 체계적으로 배치하고 있지만 신도시에 비해 규모가 작고 사업주체도 다르다.

지금은 소규모 도시개발사업이 대세고 트렌드다. 그런데 사람들은 도시개발사업에 도통 관심을 기울이지 않는다. 거대 신도시만 바라보던 습성 때문일까?

이 책을 읽고 있는 독자라면 무조건 도시개발사업에 관심을 갖길 바란다. 도시개발사업이 있는 지역에는 토지투자의 기회가 가득하다. 신도시가 그랬던 것처럼, 미니신도시의 인기 역시 지속될 것이다. 구도심보다는 신도시의 주거 환경이 확실히 낫기 때문이다.

도시개발사업 지역에 투자하려면 그 근거법인 도시개발법에 대해 알아야 한다. 도시개발법에서 도시개발구역의 지정, 도시개발사업의 시행, 비용 부담 등에 관한 내용을 정하고 있기 때문이다.

그렇다면 도시개발사업은 어떤 땅을 선택해서 개발하는 것일까? 신도시와 신도시 사이, 시가지와 시가지 사이 끼어 있는 개발 가능한 토지가 주를 이룬다. 이때 도시개발구역으로 지정되는 땅은 대부분 풀밭으로 뒤덮인 자연녹지지역과 생산녹지 또는 계획관리지역이나 생산관리지역이다.

도시개발사업은 사업 주체에 따라 크게 공공 또는 민간 방식으로 나뉘고, 공공과 민간이 합동으로 하는 경우도 있다. 경기도 광주의 광주역세권개발사업이 그랬다.

사업 방식에 따라 수용 방식과 환지 방식으로도 나뉘는데, 일반적으로 투자자들이 더 관심을 가져야 할 곳은 환지 방식의 사업장이다. 수용 방식은 수용되는 땅에 대해 일정한 권리를 보장받는 것으로 끝나기 때문에 그 땅의 소유자들이 갖는 이익이 제한적일 수밖에 없다. 개발 이익의 상당 부분을 시행자(사업주체)가 갖게 되는데 이게 공공의 손에 들어가기 때문이다.

반면 환지 방식의 개발 사업은 개발 이익을 조합원들이 갖게 되므로 일반적으로 투자 이익이 좀 더 크다. 하지만 환지 방식의 개발 사업도 공부해야 할 게 많다.

도시개발사업에 대해 깊이 있게 다룬 서적이 많으니 부족한 내용은 전문 서적을 통해 익히길 바란다. 이 책에서는 투자자로서 알아야 할 환지 방식 도시개발사업의 특징과 안정적이고 수익률 높은 투자 시기 정도를 언급하려고 한다. 도시개발사업을 처음 접하는 독자들을 위해 적절한 비유를 들어가면서 말이다.

아래의 도표에서 보듯이, 도시개발사업은 사업을 지정할 때 이미 토지소유자들의 동의를 받고 시작한다. 게다가 사업 대상은 대부분 시가지가 확대되고 있는 곳의 논밭이다. 조합원들의 동의하에 정비

〈도표 6-24〉 환지 방식 도시개발사업의 특징	
지정	−지자체에서 도시개발구역 지정 전 토지 소유자 수와 면적 기준 일정 비율 이상의 동의서를 징구한다. −구역 지정과 동시에 개발계획을 수립한다. −3년 내에 실시계획(구체적인 계획) 인가를 받는다.
대상 및 특징	−개발압력이 높은 곳 주변의 (주로) 풀밭. −용도지역상 자연녹지 또는 계획관리지역이 많다. −민간 방식이 많으나 경기 광명시 구름산지구처럼 공공이 시행하며 환지 방식으로 진행하는 경우도 생겨나고 있다. −수용방식에 비해 속도가 떨어지고 이권에 따른 조합원 간 다툼으로 지연되기도 한다.

구역을 지정하는 것이 아닌 지자체에서 지정한다는 것이 재개발 등의 정비사업과의 차이점이기도 하다. 게다가 조합원들이 갖고 있는 부동산도 대체로 주택이나 상가니, 이미 그 부동산을 높은 가치로 이용하고 있는 셈이다. 적어도 풀밭인 도시개발구역보다는 그렇다.

즉, 환지 방식 개발사업은 처음부터 조합원들이 가진 토지를 논밭으로 놀리지 않고 가치를 높이기 위해 시작한 사업이다. 또 조합원들이 해당 토지를 주택이나 상가로 이용하는 경우가 별로 없다는 장점이 있다. 그래서 재개발 등의 정비사업은 사업성이 부족해서 중단되거나 주택 경기가 꺾이면 사업 진척이 더딘 경우가 많지만, 도시개발사업은 애초에 풀밭이던 지역이면서 개발 압력이 높은 곳에서 시작하니 사업 진행이 더딜 가능성이 낮다.

하지만 이권이 있는 곳에 늘 다툼이 있기 마련이므로, 조합에 반대하는 비상대책위원회 등에 의해 소송이 걸리거나 지연되는 경우도 있다.

같은 무게의 빵이 비싼가요,
밀가루가 비싼가요?
-환지 방식 도시개발사업

환지 방식 도시개발사업의 투자 포인트를 짚어보자.

여기서 질문을 하나 해보겠다. 빵이 비싼가, 밀가루가 비싼가? 당연히 빵이 비싸다.

마찬가지로 처음에 환지 방식으로 개발하는 도시개발구역은 풀밭 모양을 하고 있으니 별로 가격이 오르지 않는다. 그러나 시간이 지나 환지받을 땅이 정해지고 또 어떤 땅으로 돌려받는지 알게 되면 그때부터 가치가 급격하게 오른다. 그러니 수익을 많이 내고 싶다면 처음부터 도시개발사업지를 사서 환지받을 것까지 계획하고 투자하는 것이 좋다. 반면 안정적인 투자를 하고 싶다면 환지에 대한 계획이 완성돼 갈 무렵, 체비지의 매각 추이를 보면서 투자하는 것이 좋다.

도시개발사업지에서 체비지란 비용으로 충당하는 땅인데, 일반적으로 조합이 아파트 건설을 시행하기 적합한 땅으로 만들어서 아파트 시행자에게 매각하는 것이 가장 흔한 경우이다. 이 매각 대금이 바로 사업 진행을 위한 비용을 감당할 수 있게 하는 것이다. 즉, 사업비가 마련돼야 사업이 될 테니 이는 상당히 중요한 포인트다.

보통 체비지 매각이 어느 정도 진행되면 조합은 환지에 대한 인가를 받는데, 이때가 투자자에게 안정적이면서 괜찮은 수익을 낼 수 있는 시기다. 일반인이 볼 때는 여전히 땅이 밀가루처럼 보여 가격이 높진 않지만, 환지 설계를 통해 어떤 빵(토지)으로 돌려받을지 정해져 있기 때문에 미래 가치를 가늠할 수 있다. 이때가 빵으로 치면 반죽과 발효의 중간 시기라고 볼 수 있을 것이다.

— 평택 화양지구 도시개발사업이 11년 만에 환지계획 인가됐다. 평택시는 서부지역인 '화양지구 도시개발사업' 환지계획을 인가했다고 23일 밝혔다.

시에 따르면 민간제안 환지 방식으로 추진되고 있는 화양지구는 평택 서부지역인 현덕면 화양·운정·도대리와 안중읍 현화리 일원 279만여㎡에 2만782세대 5만4천48명 입주 규모로, 지난 2008년 지정된 이후 11년 만에 환지계획이 인가됐다.

화양지구 도시개발사업은 주거용지 116만1,948㎡, 상업용지 7만7823㎡, 공공시설(도로, 공원 등) 151만6363㎡ 등 규모로 개발될 예

나는 오를 땅만 산다

정이다.

- "평택 화양지구 도시개발사업 11년 만에 환지계획 인가", 〈중부일보〉, 정영식, 2018. 08. 24.

이 뉴스를 보면, 경기도 평택시에 소재한 화양지구 도시개발사업지의 환지계획인가가 지구 지정 11년 만에 났다고 한다. 이때쯤 되면 조합원이 갖고 있는 땅은 시장에서 어떤 평가를 받을 수 있을까? 이 시점에는 각 필지별로 환지받는 땅이 정해지고, 환지 과정에서 추가로 납부하거나 환급받을 금액도 대략 정해진다.

즉, 환지계획인가 시점은 도시개발사업지 물건이 밀가루에서 빵으로 모양새가 바뀌는 시점이다. 불확실성이 많이 걷히면서 토지 거래가 늘고, 도시개발사업에 대해 잘 모르는 이들도 관심을 갖고 투자 시장에 기웃거리기 시작한다.

그렇다고 해서 환지계획인가 이후에 토지 가격이 급등하진 않는다. 왜냐하면 환지받을 땅의 가격은 인근 신도시 내 상가주택이나 단독주택지 가격에 비해 낮게 형성되기 때문이다. 장래에 입주할 수 있는 곳의 가격이 이미 입주해서 상권 형성이 다 된 곳, 당장 실거주할 수 있는 곳보다 높은 경우는 거의 없다. 새 아파트가 헌 아파트보다 인기 있어도, 환지받을 새 땅이 헌 땅보다 인기 있긴 어렵다.

환지계획인가가 나면 〈도표 6-25〉와 같은 조서를 받는다. 왼쪽은 종전 도시개발사업을 위해 내놓는 내 땅에 대한 사항, 오른쪽은 환지받게 될 땅에 대한 사항이다.

지정번호	—	주소	경기도 평택시 안중읍 황금길		성명	—		주민등록번호		—

종전의토지						환지						비고
소재지		지목	토지대장면적 (㎡)	편입면적 (㎡)	감보면적 (㎡)	감보율 (%)	블록번호	롯트번호	권리면적 (㎡)	환지면적 (㎡)	과도면적 (㎡)	부족면적 (㎡)	
동명	지번												
화양리	—	답	1,035	1,035	690.9	66.8	—	—	344.1	342.1		2	

종전 토지는 지목이 '답'인 토지로, 면적이 1,035㎡(약 300평)다. 이때 도로나 공원, 학교 부지를 만들거나 사업이 필요한 금액 등에 충당되는 비용을 땅으로 내놓게 되는데 이를 감보(환지처분에 의해 종전의 토지 면적에 비해 환지된 면적이 감소하는 것)라고 한다. 이렇게 감보하는 땅의 면적이 690.9㎡라는 것이다.

결국 기존의 낡은 땅(앞서 말한 비유를 들자면 밀가루) 1,035㎡ 중에서 사업을 위해 내어준 감보 면적을 제외한 344.1㎡에 대한 권리를 받을 수 있다. 이 중 환지 설계가 된 땅이 341.1㎡로, 원형지 1,035㎡의 권리면적인 344.1㎡에 비해 2㎡가 적어 이에 대한 부분은 돈으로 돌려받게 되고, 나머지 342.1㎡는 집짓기 좋은 미니신도시의 상가주택지로 돌려받는다.

생각하기에 따라 환지 개발을 하면 돌려받는 땅의 면적이 크게 줄어서 재산가치가 확 주는 것처럼 보일 수 있다. 하지만 허허벌판에 길도 없는 밭떼기 1,035㎡을 내어주고, 신도시 내 상가주택지 토지 342.1㎡(약 100평)으로 돌려받으니 분명 남는 장사일 것이다.

인근에 이미 만들어진 신도시 내 상가주택지의 시세와 비교해 이 땅의 미래 가치가 평당 800만 원쯤 한다면, 이 물건의 미래 가치는 약 8억 원쯤 할 것이다. 이에 반해 사업이 진행되던 초기의 시세는 평당 60~70만 원 정도였으니 (시세는 2억 원 초반이었을 것으로 추정) 면적이 1/3로 줄어도 충분한 수익이 나는 투자인 것이다.

상가투자를 알면 보이는
토지투자의 신세계 1
-재개발 지역 상가에 투자하기

토지를 알고 상가까지 알면 '깊이 있는 물건'이 보이기 시작한다. 깊이 있는 물건이란 수익률이 높거나, 수익률 높지 않다면 리스크가 낮거나, 리스크가 낮지 않다면 경쟁자가 적은 물건을 말한다.

〈도표 6-26〉은 서울 은평구 응암동에 소재한 경매 물건으로, 재개발 구역에 있는 근린상가다.

재개발은 헌집을 사서 새집이 될 때까지 갖고 있다가 처분해서 수익을 내는 투자인데, 이 물건은 재개발과 조금 다른 성격을 띤다. 만약 상가 투자만 아는 사람이라면 이 물건에 투자하지 못했을 것이다. 그러나 상가도 알고 토지투자도 안다면 선택하고도 남을 물건이다. 이유는 다음과 같다.

나는 2015년, 51평짜리 이 근린상가 경매에 참여했다. 감정가가

〈도표 6-26〉 2013타경 4636

소재지	서울특별시 은평구 응암동 427-42 외 3필지, 응암하이빌 1층 101호 도로명주소검색							
물건종별	근린상가	감 정 가	1,280,000,000원	오늘조회:1 2주누적:1 2주평균: 0 조회동향				
토지면적	66,33㎡(20,065평)	최 저 가	(51%) 655,360,000원	구분	입찰기일	최저매각가격		결과
				1차	2014-01-14	1,280,000,000원		변경
					2014-06-03	1,280,000,000원		유찰
건물면적	171㎡(51,720평)	보 증 금	(10%) 65,540,000원		2014-07-08	1,024,000,0000원		변경
					2015-02-03	1,024,000,0000원		변경
매각물건	토지 · 건물 일괄매각	소 유 자	○○○	2차	2015-06-23	1,024,000,0000원		유찰
				3차	2015-07-28	819,200,000원		유찰
개시결정	2013-04-05	채 무 자	○○○	4차	2015-09-01	655,360,000원		
				낙찰: 831,999,915원 (52,84%)				
사 건 명	임의경매	채 권 자	○○○	입찰 5명 / 낙찰: - / 차순위금액: 764,167,400원 매각결정기일: 2015-09-08 -매각허가결정 대금지급기한: 2015-10-14				
관련 사건	2012타경 21344(중복), 2013타경 92(중복)			대금납부: 2015-10-13 / 배당기일: 2015-10-28 배당종결: 2015-10-28				

자료: 굿옥션

〈도표 6-27〉 경매 나온 당시의 전자지적도

자료: 네이버 지도

자료: 다음 지도

12억 8,000만 원이었는데 세 차례에 걸쳐 6억 원대까지 유찰된 상가다. 당시 다른 사람이 약 8억 3,000만 원에 이 상가를 낙찰받았다. 〈도표 6-27〉은 경매 나온 당시의 전자지적도다. 이 상가는 원래 낙찰받으면 조합원이 돼 상가 철거 시 보상받을 수 있는 재개발 물건이었다. 그러나 재개발에 포함됐다가 존치구역으로 변경돼 더 이상 재개발 진행이 어렵게 됐다.

〈도표 6-28〉의 로드뷰를 살펴보면, 딱 봐도 상권이 그리 좋아 보이지 않는다. 도로는 넓지만 상권이 활성화돼 있지 않아 누가 봐도 높은 임대료를 받기 어렵겠다는 생각이 들 것이다. 여러 번 유찰된 것을 보면 다른 사람들의 생각도 별반 다르지 않았던 듯싶다.

그런데 나는 재개발 대상에서 제외됐고, 상권도 좋지 않아 임대료도 별 볼 일 없는 이 상가를 왜 낙찰받으려 했을까?

〈도표 6-29〉의 로드뷰를 보자. 경매 상가 바로 뒤편이 응암10구역

나는 오를 땅만 산다

자료: 다음 지도

재개발 지역이다. 사진에서 보는 것처럼 건물 뒤로는 오래된 낡은 집들이 얼기설기 얽혀 있다. 이 지역 관련 소식을 검색해보니, 응암10구역 재개발이 가시화되었음을 알 수 있었다.

다음은 2015년 5월 15일 자 뉴스다. 응암10구역 재개발 정비사업조합의 정기총회에서 관리처분계획(안)이 가결됐다는 소식이다. 이제지방자치단체에서 계획안을 승인하는 단계만 남았다.

─ 서울 은평구 응암10구역(재개발)이 관리처분인가에 한 발짝 다가섰다. 응암10구역 재개발 정비사업조합(조합장 김윤태·이하 조합)은 지난 9일 은평구 응암3동 240-36에 위치한 한성교회에서 정기총회를 개최해 관리처분계획을 통과시켰다.

  -"[서울] 응암10구역 재개발 관리처분인가 '초읽기'", 〈아유경제〉, 유준상, 2015. 05. 15.

이해를 돕기 위해 정비사업의 절차를 간단히 소개하면 다음과 같다.

정비사업의 절차

구역 지정 → 추진위 구성(동의서 50%) → 조합설립(동의서 75%) → 사업시행인가(아파트, 상가 등 단지 모양 나옴) → 관리처분(조합원들 사이에서 배분 확정) → 이주 및 철거

정비사업에서 관리처분계획인가 단계까지 도달하면 그 지역의 상권은 가장 안 좋은 시기를 맞는다. 공가가 많아지면서 인구수가 감소하기 때문이다. 특히 젊은층의 이탈로 소비 여력도 뒷받침되지 못한다.

하지만 상권 수요는 변화하는 것이다. 살던 사람들이 이주하고 철거하기 시작하면 새로운 상가 수요가 생긴다. 바로 인부들이 이용하는 식당이 그것이다. 이 경매 물건을 낙찰받아서 식당으로 임대를 주면 어떨까? 실제로 공사가 진행될 때 한식뷔페가 들어왔다.

그럼 공사가 끝난 후에는 어떻게 하느냐고? 응암10구역 재개발이 완료돼 1,305세대 아파트 단지 입주가 시작되면 상권은 새로운 수요로 대체될 것이다. 물론 단지 내 상가가 있긴 하지만 부동산이나 미용실, 작은 마트 정도가 들어올 뿐이다.

50평 정도의 근린상가면 중급 규모의 슈퍼마켓이 입점하기에도 괜찮고, 보증금 1억 원에 월세 400~500만 원은 거뜬히 받을 수 있다.

이렇게 되면 이 상가의 값어치는 10억 원을 넘어서게 된다.

8억 3,000만 원에 낙찰받은 이 상가는 잘 산 것일까, 잘못 산 것일까?

나는 3차 입찰 당시, 상가 수업을 듣던 수강생들에게 이 상가의 입찰을 권했다. 그러나 아무도 입찰하지 않았다. 4차 입찰 당시 토지 수업을 듣던 수강생이 입찰에 참여했다.

입찰할 당시에는 철거를 앞둔 낡은 주택이 혼재한 곳이지만, 다음과 같이 조감도를 통해 물건의 입지를 살펴보니 장래 가치가 좀 더 잘 보인다(〈도표 6-30〉). 단독주택과 다세대주택이 밀집됐고, 배후에 새 아파트 1,305세대를 끼고 있으니 입주 후에는 우량한 입지의 상가가

〈도표 6-30〉 서울 은평구 응암동 427-43 부근 조감도

자료: 네이버 지도

될 것으로 예상한다. 이렇게 토지투자와 상가 투자를 모두 알면 남이 보지 못하는 새로운 투자처를 볼 수 있다.

상가투자를 알면 보이는
토지투자의 신세계 2
-주유소 낙찰받아 유명 커피전문점 임대인 도전하기

상가에 스타벅스가 입점한다면 어떨까? 생각만으로도 짜릿하다. 스타벅스가 입점하면 상가도 살고 임대료도 두둑하게 받을 수 있다. 그렇다면 이것은 상가투자일까, 토지투자일까? 결론은 상가와 토지, 둘 다 알아야 하는 투자다.

〈도표 6-31〉은 인천시 간석동 주유소 경매 물건 사례다. 277평 토지에 주유소 건물이 경매로 나왔다.

우선 일반적인 상가를 보듯 이 물건을 분석해보겠다. 역세권 상가지만 공원이 많아서 배후 수요가 넓게 포진된 곳은 아닌 것으로 보인다. 인천 1호선 전철역 앞에 위치하지만 인천 시내만 오가는 전철이라 이용객이 많지 않아 좋은 상권은 아니다. 역세권이라 해도 별 볼일 없고, 주변에 묘지가 있는 '묘세권'이다. 그게 다일까?

〈도표 6-31〉 2017타경 6490

소재지	인천광역시 남동구 간석동 772 도로명주소검색							
물건종별	주유소(위험물)	감정가	3,286,233,740원	오늘조회:1 2주누적:1 2주평균:0 조회동향				
토지면적	916.8㎡(277.332평)	최저가	(70%) 2,300,364,000원	구분	입찰기일	최저매각가격	결과	
				1차	2018-04-24	3,286,233,740원	유찰	
				2차	2018-05-31	2,300,364,000원		
건물면적	657.52㎡(198.9평)	보증금	(10%) 230,040,000원	낙찰: 2,968,880,000원 (90.34%)				
매각물건	토지·건물 일괄매각	소유자	○○○	입찰 3명 / 낙찰: - /				
				차순위금액: 2,538,000,000원				
개시결정	2017-03-02	채무자	○○○	매각결정기일: 2018-06-07 -매각허가결정				
				대금지급기한: 2018-07-09 -기한후납부				
사건명	임의경매	채권자	○○○	배당기일: 2018-08-08				
				배당종결: 2018-08-08				

자료: 굿옥션

〈도표 6-32〉 인천광역시 남동구 간석동 772 부근 지도

자료: 네이버 지도

나는 오를 땅만 산다

소재지	인천광역시 남동구 간석동 일반 772-0		
지목	주유소용지	면적	1,910,000원(2018/0)
개별공시지가(㎡당)	Q 연도별 보기		

지역지구등 지정여부	「국토의 계획 및 이용에 관한 법률」에 따른 지역 · 지구등	제2종일반주거지역, 일반미관지구
	다른 법령 등에 따른 지역 · 지구등	과밀억제권역〈수도권정비계획법〉
	「토지이용규제 기본법 시행령」 제9조제4항 각 호에 해당되는 사항	도시관리계획 입안중

확인도면

〈도표 6-33〉의 토지이용계획확인서를 보니 주유소용지인데 제2종 일반주거지역이라고 나온다. 제2종 일반주거지역은 일반적으로 상가주택을 짓기에 좋은 땅이다. 이곳에는 빌라나 상가, 나 홀로 아파트 등을 지을 수 있다. 그런데 앞에서 분석했다시피 상가를 짓기에 좋은 입지는 아니어 보인다. 주변 상권도 화려해 보이지 않는다.

그러나 드라이브 스루(Drive Through)를 아는 사람이라면 쉽게 단정

〈도표 6-34〉 경매 토지 부근 모습

자료: 다음 지도

짓지 않을 것이다. 스타벅스 드라이브 스루 매장이 들어올 입지라면 어떨까?

〈도표 6-34〉의 로드뷰를 살펴보면 배후 수요는 약하지만, 46번 도시계획도로가 멀리 뻗어나가고 있음을 알 수 있다. 교통량이 굉장히 많음도 알 수 있다. 교통량을 배후로, 스타벅스 드라이브 스루 매장 입점이 가능하다고 판단한 한 수강생이 낙찰에 도전했으나 떨어졌다. 가까운 곳을 찾아보니 스타벅스 인척간석DT점이 있다. 다음의 〈도표 6-35〉를 보자. 이 매장은 간석역에서 조금 멀리 떨어져 있고, 배후 수요가 작다. 주변을 보면 모두 공장 단지이기 때문에 수요도 제한적일 것으로 보인다.

이런 지역에 왜 스타벅스가 입점해 있는 것일까. 이 매장이 바로 스타벅스 드라이브 스루 매장이다. 차를 몰고 건물 뒤편으로 와서 커피를 주문하고 받아서 출구로 나간다. 차에서 내리지 않고 짧은 시간

나는 오를 땅만 산다

자료: 네이버 지도

에 주문한 음료를 받아서 떠날 수 있다. 이 매장을 드라이브 스루로 활용하면 드라이브 스루 월 매출액 5,000만 원, 실내 좌석 이용객을 통한 월 매출액 5,000만 원으로 총 1억 원 정도의 매출을 얻을 수 있을 것으로 추산된다.

보통 스타벅스 지점을 유치하면 보증금 3억 원에 월 매출의 13%를 임대료 명목으로 받을 수 있다. 1억 원 매출을 기준으로 약 1,430만 원 정도의 임대료를 받는 것이다. 이 정도 수익을 내는 상가의 매매 가치는 45억 원 정도다.

경매로 나온 주유소 자리도 매출이 비슷할 것으로 보인다. 이 땅을 낙찰받아 스타벅스 직영 매장으로 임대하면 45억 원 정도의 부동산 가치가 만들어진다. 25억 3,800만 원에 입찰해서 주유소 철거비로 5,000만 원을 사용하고, 설계 · 건축비 7억 원을 투자하면 45억 원의 가치가 생긴다는 이야기다.

스타벅스 건물의 건축비는 평당 400만 원 정도로, 일반 상가 건축비보다 다소 높다. 층간 높이를 높이고, 드라이브 스루의 도로폭도 일반적인 건축허가 폭보다 넓게 만들어야 하는 등 비용이 더 든다.

이것은 어디까지나 실제 거래된 사례를 바탕으로 이야기하는 것이다. 절대 허무맹랑한 상상이 아니다. 25억 3,800만 원에 입찰해서 드라이브 스루 매장을 직영으로 임대할 생각이라면 충분히 가치 있는 경매 물건이다. 이미 스타벅스 직영 매장은 돈 많은 사람이 선호하는 부동산으로 자리 잡았다.

이렇게 상가 투자를 알면 토지투자의 신세계가 보인다. 스타벅스 드라이브 스루를 알아야만 상권이 빈약한 주유소 용지에 투자할 수 있는 것이다. 독자들도 토지투자에만 국한하지 말고 상가 투자도 함께 공부해서 더 많은 투자의 기회를 잡기 바란다.

자전거 같은 주택투자는
어느 날 부동산 경기가 나빠지는 오르막길을 만나면 더 나아가기 어렵지만,
오토바이 같은 토지투자는 오르막길을 만나도 쉽게 오를 수 있다.

7장

토지투자 초보자가
알아야 할 기초 상식

토지투자 초보자가 알아야 할 기초 상식

용도지역이 뭐길래?
땅의 연봉은 용도지역이 결정한다

어떤 땅이든 늘 따라다니는 꼬리표가 있다. 바로 '용도지역'이란 것이다. '용도(用途)'란 풀이해보면 '쓰이는 길', '쓰이는 곳'이라는 의미다. 결국 땅의 쓰임을 정해놓은 것이 용도지역인데, 우리나라 국토는 쓰임에 따라 다양한 용도지역으로 나뉘어 있다.

주된 용도가 고도 개발을 할 땅이라면 상업지역, 집 짓고 살 땅이라면 주거지역, 공장을 지을 땅이라면 공업지역이 된다. 그리고 주거·상업·공업지역 중간중간에 자리하는 녹지지역, 주거·상업·공업지역이 될 가능성이 있는 관리지역, 농사지을 땅인 농림지역, 보전을 위한 땅인 자연환경보전지역 등으로 분류된다.

이제부터 투자할 땅의 용도지역을 아는 게 왜 중요한지 이야기해보겠다. 먼저 용도지역의 법률적 의미를 읽어보자.

—— 용도지역이란 토지의 이용 및 건축물의 용도 · 건폐율 · 용적률 · 높이 등을 제한함으로써 토지를 경제적 · 효율적으로 이용하고 공공복리의 증진을 도모하기 위해 서로 중복되지 아니하게 도시 · 군관리계획으로 결정하는 지역을 말한다.

- '국토의 계획 및 이용에 관한 법률' 제2조 제15호

위의 정의에서 강조하고 싶은 부분은 '용도지역이 건축물의 용도를 제한할 수 있다'는 점이다. 해당 토지에 지을 수 있는 건물의 용도와 크기 등을 용도지역이 결정하므로, 용도지역의 개념을 모른 채 토지투자에 나서는 것은 매우 위험하다. 간혹 용도지역을 지목과 혼동하는 사람도 있다.

"지목이 '전'이나 '답'인 땅에서 공장이나 아파트를 지을 수 있나요?"

정답은 'No'다. 지목이란, 현재 시점을 기준으로 땅의 이용 목적을 표기해놓은 항목이다. 가령 강남역 2번 출구 앞 어느 빌딩 사이 땅에 밭농사를 짓고 있다면 이 땅의 지목은 '전'인 식이다. 물론 이 땅의 용도구역은 일반상업지역이다.

용도구역에 대한 이야기를 하자면 한도 끝도 없다. 이 책에서는 시중의 부동산 강의나 책에서 접할 수 있는 수준의 용도지역 해설은 가급적 자제하려고 한다. 투자자로서 알아야 할 용도지역의 본질과 공략 요소에만 집중해보기로 하자.

첫 번째, 토지투자자라면 모든 땅은 하나의 용도지역을 갖고 있다

는 점을 알아야 한다. 용도지역이 없는 땅은 없다. 용도지역을 두 개 갖고 있는 땅 또한 없다. 간혹 한 개 필지에 두 개 이상의 용도지역이 있는 경우가 발견되지만, 서로 다른 분야일 경우만 가능하다.

두 번째, 투자 가능한 용도지역과 그렇지 못한 용도지역을 구분할 수 있어야 한다. 용도지역에서 땅은 크게 도시지역과 비도시지역으로 나뉜다. 우리가 관심을 가져야 할 용도지역은 도시지역이 아닌 비도시지역에 있다. 용도지역의 비도시지역 가운데에서도 도시지역으로 편입될 수 있는 땅을 찾는 게 토지투자의 시작이다. 왜 그런지 차근차근 알아보자.

우리가 알아야 할 용도지역은 〈도표 7-1〉에 표시해뒀다. 노란색 칸은 토지투자자들이 꼭 관심을 가져야 할 용도지역으로 전용주거지역, 일반주거지역, 준주거지역, 일반상업지역, 일반공업지역, 준공업지역, 자연녹지지역, 생산녹지지역, 계획관리지역, 생산관리지역이 포함된다. 이 중에서도 특히 자연녹지, 생산녹지지역, 계획관리지역, 생산관리지역에 좀 더 많은 관심을 둬야 한다.

'왜 하필 녹지에 투자를…'

지금쯤 이런 의문을 가지는 독자가 있을 것이다. 한눈에 보아도 그럴듯한 주거지역이나 상업지역, 공업지역이 좋지 않으냐면서 말이다. 그러나 주거·상업·공업지역은 이미 가치가 상승했다고 봐야 한다. 이곳에 투자하려면 우선 자본이 많이 필요한 데다, 이미 가치가 상승해서 투자 효과도 기대에 미치지 못할 가능성이 높다.

토지투자를 하려면 녹지지역과 관리지역처럼 아직 가치가 낮지만 향후 개발 가능성이 높은 토지에 투자해야 한다. 아직은 비도시지역이지만 도시지역이 될 수 있는 땅을 찾아야 한다는 것이다. 이것이 바로 내가 생각하는 토지투자 포인트다. 이쯤에서 용도지역이 땅의 연봉을 결정짓는다는 내 주장을 이해할 줄로 믿어도 될까.

〈표 7-1〉 용도지역의 종류와 의미

용도지역	세분	주된 용도
주거지역	전용주거지역	타운하우스, 고급 주택단지로 쓰이 택지개발지구에 많음
	일반주거지역	다세대(빌라), 상가주택지로 적합, 60~80평의 토지가 인기
	준주거지역	상업지역과 가깝고 편의시설이 있어 원룸·투룸 용도로 적합
상업지역	중심상업지역	신사동 가로수길처럼 비싼 땅, 우리의 투자 대상이 아니다
	일반상업지역	대중교통이 좋고 편의시설이 인근에 많다
	근린상업지역	주로 택지개발지구의 상가용 땅, LH를 통해 공급되는 게 많다
	유통상업지역	이마트 같은 대형 유통시설 용도로 많이 사용된다, 일반적인 토지투자자의 투자 대상이 아니다
공업지역	전용공업지역	대표적인 예가 포스코, 산업을 일으키기 위해 산업을 집중시키려는 목적
	일반공업지역	크고 작은 공장이 밀집한 고, 창고나 공장의 용도로 적합
	준공업지역	공업지역 인근의 주거지역으로 인기, 다세대·원룸·투룸 용도로도 적합
녹지지역	자연녹지지역	주거, 상업, 공업 지역 인근에 위치. 식당 및 다세대 등의 용도로 적합하며 용도지역(주로 주거지역으로 상향됨)의 상향 가능성이 높은 땅을 투자해야 한다
	생산녹지지역	종전에 농림지역이었으나 향후 주거지역으로 변할 가능성이 높은 땅. 역세권 생산녹지, IC나 신규 산업단지가 생기는 곳 주변의 생산녹지에 농업진흥구역(절대농지)가 해제되는지 유심히 살펴야 한다
	보건녹지지역	주거, 상업, 공업지역 인근에 있으나 임야형태로 존재하며 산지관리법상 다른 규제가 많아 개발이 어려운 경우가 많다
관리지역	계획관리지역	주변에 공장과 창고가 많아 동일한 용도로 인기가 많고, 일반음식점(술을 취급함)과 다세대주택, 숙박시설로도 인기가 있다
	생산관리지역	달리 일반음식점이 아닌 휴게음식점(술을 취급하지 못함) 용도로 가능. 경사가 적은 농지형태가 많아 단독주택 용지로 적합한 경우가 많음
	보전관리지역	산지 형태로 전원형 주택용지로 적합하나 산지관리법상 다른 규제가 있을 경우 개발이 어렵고 규제가 완화되는 사례가 적음
농림지역		농사 지을 게 아니면 농림지역이었으나 녹지지역으로 변경될 가능성이 큰 땅을 노려야 한다. 역이 개통하거나 IC가 생기며 인근이 개발되는 곳이 아니면 투자 금물
자연환경보전지역		투자할 땅이 아니다. 죽어서 자식에게 물려주려 해도 그리 좋아하지 않는다

나는 오를 땅만 산다

지목이 대인 땅 매입 시 주의사항

토지투자를 이야기할 때 흔히들 '지목'에 대해 많이 이야기하는데, 사실 지목은 그리 중요한 게 아니다. 바로 이전에 언급했듯 토지의 이용 가치(연봉)는 용도지역이 결정하기 때문이다. 지목은 그저 현재의 이용만을 나타냈다고 생각하면 그만이다.

그렇지만 하나 주의해야 할 것이 있다. 바로 구도심에 지목이 '대'인 토지다. 일단 지목이 '대'라는 말은, 지금 건물이 있거나 과거에 건물이 있었던 땅이라는 의미다. 그런데 투자를 하려고 할 때, 건물이 없는 나대지인데 지목이 '대'라면 무슨 사연이 있는지 살펴봐야 한다. 특히 경매로 취득할 때는 소유자에게 사연을 물어보는 게 현실적으로 어려운 경우가 많으니 주의를 요한다.

〈도표 7-2〉는 나의 추천으로 지인이 낙찰받은 땅이다. 일부 필지

소재지	경기도 평택시 지산동 764-1 외 7필지 도로명주소검색							

물건종별	대지	감정가	884,337,000원	오늘조회:1 2주누적:4 2주평균:0 조회동향			

				구분	입찰기일	최저매각가격	결과
토지면적	501㎡(151,553평)	최저가	(51%) 452,781,000원	1차	2012-07-23	884,337,000원	유찰
				2차	2012-08-27	707,470,000원	유찰
건물면적	-	보증금	(10%) 45,280,000원	3차	2012-10-08	565,976,000원	유찰
				4차	2012-11-12	452,781,000원	
매각물건	토지만 매각	소유자	○○○	낙찰: 538,000,000원 (60.84%)			
				입찰 6명 / 낙찰: - / 차순위금액: 510,100,000원			
개시결정	2012-02-10	채무자	○○○	매각결정기일: 2012-11-19 -매각허가결정			
				대금지급기한: 2012-12-27			
사건명	임의경매	채권자	○○○	대금납부: 2012-11-27 / 배당기일: 2013-02-14			
				배당종결: 2013-02-24			

목록	지번	용도/구조/면적/토지이용계획	㎡당 단가	감정가
1	지산동 764-1	일반상업지역, 관광특구, 비행안전제5구역, 상대정화구역	대 17㎡(5.143평) 1,489,000원	25,313,000원
2	지산동 768-26	위와 같음	대 185㎡(55.963평) 1,682,000원	311,170,000원
3	지산동 768-88	위와 같음	대 119㎡(35.998평) 1,780,000원	211,820,000원
4	지산동 762-40	일반상업지역, 관광특구, 비행안전제5구역, 상대정화구역, 소로2류	제방 43㎡(13.008평) 1,978,000원	85,054,000원
5	지산동 985-7	위와 같음	대 53㎡(16.003평) 1,629,000원	86,337,000원
6	지산동 764-13	위와 같음	대 60㎡(18.15평) 2,210,000원	132,600,000원
7	지산동 788-174	위와 같음	도로 21㎡(6.353평) 1,345,000원	28,245,000원
8	지산동 768-175	위와 같음	도로 3㎡(0.908평) 1,266,000원	3,798,000원
		면적소계: 501㎡(151,533평)		소계: 884,337,000원

자료: 굿옥션

를 제외하곤 모두 지목이 '대'인 토지다. 하지만 실제로 보니 쓰레기가 즐비한 나대지였다. 펜스가 쳐져 있긴 하지만 관리가 전혀 되지 않고 있었다.

구도심에서 지목이 '대'인 토지에 대해 한번 생각해보자. 일단 과거에 건물이 있었던 땅이라는 의미다. 그런데 지금은 건물이 없다고? 무슨 말일까? 기존의 건물을 철거했을 것이라는 가능성이 가장 크다. 그렇다면 왜 철거했을까? 그것도 자신의 땅이 경매로 넘어가는 마당에 왜 건물을 철거한 걸까? 그럴 때는 새 건물을 짓기 위해 착공계(공사의 시행에 대한 계약 내용을 기록한 문서)를 내고 종전의 건(축)물을 철거한 것은 아닌지 의심해봐야 한다.

이것이 왜 중요할까? 우선 기존에 건축허가가 난 땅에서는 새로운 건축허가가 나지 않는다. 건축허가는 무형의 재산으로 간주된다. A의 소유인 땅에 A의 명의로 건축허가가 났다면 원칙적으로 이 허가를 취소하기 쉽지 않다. 특히 착공한 후라면 더더욱 그렇다.

건축법 제11조 7항에 건축허가 취소에 관한 내용이 있는데, 이 조항을 보면 건축허가 취소가 쉬워 보인다. 일단 허가를 받고 2년 내에 착공하지 않았다면 허가 취소 신청을 통해 허가를 취소하면 되는 것이다.

그래서 경매 물건이 건축허가만 났고 착공하지 않았다면 허가를 득한 날로부터 2년이 되기를 기다렸다가 허가 취소 신청을 하면 간단히 해결된다. 그래서 아직 착공하기 전의 토지는, 당장 개발 행위를 할 게 아니라면 큰 부담을 갖지 않아도 된다.

문제는 착공한 경우다. 허가를 받고 착공계를 낸 다음 공사를 '찔끔'이라도 해놨다면 이때부터 복잡해진다. 분명히 법에는 '공사에 착수했으나 공사 완료가 불가능하다고 인정되는 경우'에 허가를 취소해야 한다고 명시돼 있다. 하지만 문제는 종전 소유자의 무형 재산인 건축허가에 대해 불가능하다고 인정할 만한 권한이 담당 공무원에게 없다는 것이다. 해당 업무를 보는 현직 공무원의 말을 빌리자면 '취소처분해버리고 나면 훗날 찾아와, 네가 뭔데 내 허가를 마음대로 취소하느냐'고 따지는 경우가 있다는 것이다.

허가 취소는 가능하지만 여러 단계를 거쳐 가능할 수 있고, 종전 허가권자에게 어느 정도 비용을 지불해야 할 수도 있기 때문에 초보자들은 반드시 짚고 넘어가야 한다.

참고로 건축법 제11조 7항에는 경매로 대지의 소유권이 달라지고 6개월 이내에 착공이 불가능한 경우에 대해서도 적시돼 있는데, 이때도 착공하기 전의 경우이므로 투자에 큰 부담을 갖지 않아도 괜찮다.

위의 경매 건은, 전 소유자가 2008년에 건축허가를 받은 후 착공계를 냈는데 이후 건축허가를 취소한 사례였다.

건축법 제11조 7항의 내용은 다음과 같다.

—— ⑦ 허가권자는 제1항에 따른 허가를 받은 자가 다음 각 호의 어느 하나에 해당하면 허가를 취소하여야 한다. 다만, 제1호에 해당하는 경우로서 정당한 사유가 있다고 인정되면 1년의 범위에서 공사의 착수기간을 연장할 수 있다. [개정 2014.1.14, 2017.1.17] [[시행일 2017.7.18]]

1. 허가를 받은 날부터 2년(「산업집적활성화 및 공장설립에 관한 법률」 제13조에 따라 공장의 신설 · 증설 또는 업종변경의 승인을 받은 공장은 3년) 이내에 공사에 착수하지 아니한 경우

2. 제1호의 기간 이내에 공사에 착수하였으나 공사의 완료가 불가능하다고 인정되는 경우

3. 제21조에 따른 착공신고 전에 경매 또는 공매 등으로 건축주가 대지의 소유권을 상실한 때부터 6개월이 경과한 이후 공사의 착수가 불가능하다고 판단되는 경우

도시자연공원구역과
도시계획공원의 차이점

살다 보면 비슷한 이름인데 의미가 크게 다른 경우가 종종 있다. '아기 새'와 '새아기'는 같은 말처럼 보이지만, 하나는 동물이고 하나는 사람을 뜻한다.

토지이용계획서상의 도시공원과 도시자연공원구역도 그러하다. 둘 다 '도시공원'이라는 이름이 들어가지만 둘의 성격은 너무도 다르다. 그러나 이름이 비슷해서 투자할 때 종종 헷갈려 큰 우를 범하는 경우가 있으니 각별히 유의해야 한다.

	도시공원 ('구역'이 붙지 않는 공원)	도시자연공원구역
수용 보상의 대상	O	X
토지이용계획확인원상 표기	• 어린이 공원, 근린공원, 역사공원 등(주제 + 공원 형태) • 절대로 맨끝이 '구역'이 붙지 않음	• 용도구역의 하나로 도시자연공원구역
구별법	• 이름이 공원으로 끝남	• 이름이 구역으로 끝남
투자가치	• 보상시기 또는 해제에 따라 다름	• 거의 다 하면 안 됨
법적 효력이 유사한 것	• 도시계획시설의 하나로 도로, 학교, 주차장 등과 함께 보상의 대상이 됨	• 개발제한구역, 수산자원보호구역 등 개인의 땅인데 개발을 못하게 함

투자해도 되는 도시공원의 사례

도시공원이란 도시계획시설 중 공원으로 예정된 곳으로, 지방자치단체에서 보상한 후 소유권을 넘겨받아 도로나 하천, 주차장, 학교 등과 같이 지방자치단체에 필요한 시설 사업을 하려는 곳이다. 즉, 도시공원으로 지정된 개인의 땅에 대해 보상을 하고 그 위에 이런저런 체육시설이나 공원시설을 설치하고 가꾸는 것이 일반적이다.

사실 그간 도시공원(또는 도시계획시설공원)으로 지정된 부지는 일반적으로 도로 같은 도시계획시설보다 보상이 느렸다. 아무래도 지방자치단체 입장에서는 도로를 내는 일이 공원을 만드는 일보다 우선

한 사업일 것이기 때문이다. 하지만 지금은 상황이 달라졌다.

토지투자를 위한 가장 기초적인 법인 '국토의 계획 및 이용에 관한 법률' 제48조에는, 도시공원으로 지정한 후 장기간 보상하지 않을 경우 기한을 두고 보상하거나 공원 부지에서 해제하라고 규정한다. 그리고 만약 이미 20년이 경과했다면 2020년 6월 30일까지 보상하고 아니면 7월 1일 자로 해제하게 했다.

이에 따라 지방자치단체들은 분주해졌다. 해당 토지에 대해 2020년 6월 전까지 보상하거나 해제해야 하는데, 보상을 하자니 예산이 부족하고 해제하자니 공원 예정지를 개인이 개발하는 상황에 처한 것이다.

── 도시공원 및 녹지 등에 관한 법률

제21조의2(도시공원 부지에서의 개발행위 등에 관한 특례) ① 민간공원추진자가 제21조제1항에 따라 설치하는 도시공원을 공원관리청에 기부채납(공원면적의 70퍼센트 이상 기부채납하는 경우를 말한다)하는 경우로서 다음 각 호의 기준을 모두 충족하는 경우에는 기부채납하고 남은 부지 또는 지하에 공원시설이 아닌 시설(녹지지역·주거지역·상업지역에서 설치가 허용되는 시설을 말하며, 이하 "비공원시설"이라 한다)을 설치할 수 있다. [개정 2015. 1. 20.]

– '도시공원 및 녹지 등에 관한 법률' 제21조

나는 오를 땅만 산다

이에 따라 '도시공원 및 녹지 등에 관한 법률'에서는, 민간 사업시행자가 전체 공원 부지 면적의 70~80%를 공원으로 조성해 지방자치단체에 기부채납(개발 사업자가 공공시설을 설치해 공짜로 국가나 공공기관에 소유권을 이전해주는 것)을 하고 남은 부지에 아파트와 같은 사업을 시행할 수 있도록 문을 열어줬다.

이에 따라 2020년 6월까지는 이러한 사업장이 다수 있을 것으로 보인다. 경매 등을 통해 도시공원 부지를 저렴한 금액으로 취득해 민간 사업시행자에게 보상받는 방법도 있고, 지방자치단체가 개발을 해제하여 도시공원에 따른 구애 없이 이용할 수 있는 방법도 있다. 물론 해제 후에 구애 없이 이용한다는 것은 도시계획시설 예정 부지 모두에 해당하는 것으로 공원, 도로, 하천, 주차장 등 도시계획을 통해 만들려는 시설물이 예정돼 있는 곳은 모두 해당한다. 도시공원도 그중 하나다.

〈도표 7-4〉의 경매 물건을 살펴보자. 이곳은 체육공원으로 지정된 부지다(〈도표 7-5〉). 이 부지가 경매에 나왔는데 '구역'이 아닌 '공원'으로 끝나니 이는 도시공원으로 보상 대상이 된다. 그중에서도 공원이니, 혹시 '도시공원 및 녹지 등에 관한 법률'에 따라 민간 시행자가 나서 보상해주지 않을까 하는 생각이 든다면 뉴스를 검색하거나 지방자치단체 공원녹지과·도시계획과 같은 곳에 문의해볼 만하다.

이곳은 용인시민체육공원이라는 이름으로 도시공원이 조성될 예정이었다. 그러나 지방자치단체의 예산 부족으로 인해 사업이

〈도표 7-4〉 2017타경 512398							
소재지	경기도 용인시 처인구 상가동 83-1 도로명주소검색						
물건종별	기타용지	감정가	28,280,000원	오늘조회: 3 2주누적: 233 2주평균: 17 조회동향			
토지면적	40㎡(12.1평)	최저가	(70%) 19,796,000원	구분	입찰기일	최저매각가격	결과
				1차	2018-07-05	28,280,000원	유찰
건물면적	-	보증금	(10%) 1,980,000원		2018-08-23	19,796,000원	변경
				2차	2018-11-06	19,796,000원	
매각물건	토지 매각	소유자	○○○	낙찰: 24,350,000원 (86.1%)			
개시결정	2017-10-30	채무자	○○○	입찰 4명 / 낙찰: - /			
				차순위금액: 23,530,000원			
사건명	강제경매	채권자	○○○	매각결정기일: 2018-11-13			

지체돼 그대로 2020년 6월을 맞을 가능성이 컸다. 그러자 지방자
치단체는 민간사업자를 공모했고, 이에 H사 컨소시엄이 제안서를
낸 것이 채택돼 이제 보상과 사업에 대한 절차가 남았다는 뉴스가
나왔다.

── 경기 용인시 시민체육공원 맞은편인 처인구 삼가동 산19일대 14만
8313㎡에 대규모 민간공원이 조성된다.
시는 4일 '제75호 체육공원'으로 지정된 이곳 공원용지에 민간이 공
원을 조성해 기부채납하는 특례사업 우선협상대상자로 ㈜한솔공

〈도표 7-5〉 토지계획이용확인서: 경기도 용인시 처인구 삼가동 일반 83-1

지역지구등 지정여부	「국토의 계획 및 이용에 관한 법률」에 따른 지역·지구등	도시지역, 자연녹지지역, **체육공원**
	다른 법령 등에 따른 지역·지구등	가축사육제한구역(2013-09-26)〈가축분뇨의 관리 및 이용에 관한 법률〉, 자연보전권역〈수도권정비계획법〉, 배출시설설치제한지역〈수질 및 수생태계 보전에 관한 법률〉, 수질보전특별대책지역〈환경정책기본법〉
「토지이용규제 기본법 시행령」 제9조제4항 각 호에 해당되는 사항		
확인도면		

영·㈜신동아건설 컨소시엄을 선정했다.

– "용인시민체육공원 맞은편에 대규모 민간공원 조성", 〈뉴시스〉, 이승호, 2018. 04. 04

모든 도시공원이 이와 같은 절차를 거치는 것은 아니지만 민간사업자에 의해 보상받는 것도 한 방법이므로 소개했다. 다음은 도시자연공원구역에 대해 설명하고자 한다.

도시자연공원구역은 용도구역의 하나

이번에는 도시자연공원구역에 대한 이야기를 짚고 가보자. 사실 도
시공원에 대해 이야기한 것은 도시자연공원구역에 투자하지 말라는
이야기를 하기 위해 꺼낸 것뿐이다.

〈도표 7–6〉의 토지는 토지이용계획확인서상 도시자연공원구역이
다. '구역'이 보이면 곧바로 개발제한구역을 떠올리고, 기약 없이 행
위 제한이 묶이는 곳이라는 것을 알아야 한다. 그런데 왜 이런 물건
에 투자하는 사람들이 늘고 있을까?

〈도표 7–6〉 2015타경 8140

소재지	인천광역시 중구 운남동 780-4 도로명주소검색						
물건종별	농지	감정가	319,275,000원	오늘조회:1 2주누적:1 2주평균:0 조회동향			
토지면적	2365㎡(715.413평)	최저가	(34%) 109,512,000원	구분	입찰기일	최저매각가격	결과
				1차	2015-10-05	319,275,000원	유찰
				2차	2015-11-12	223,493,000원	유찰
건물면적	건물은 매각제외	보증금	(10%) 10,960,000원	3차	2015-12-16	156,445,000원	유찰
				4차	2016-01-20	109,512,000원	
매각물건	토지만 매각	소유자	○○○	낙찰:109,515,000원 (34.3%)			
				입찰 1명 / 낙찰: -			
개시결정	2015-02-09	채무자	○○○	매각결정기일: 2016-01-27 -매각허가결정			
				대금지급기한: 2016-03-08 -기한후납부			
사건명	임의경매	채권자	○○○	배당기일: 2016-05-11			
				배당종결: 2016-05-11			

자료: 굿옥션

지역지구등 지정여부	「국토의 계획 및 이용에 관한 법률」에 따른 지역·지구등	보전녹지지역, **도시자연공원구역(2013-06-24)(백운도시자연공원구역)**
	다른 법령 등에 따른 지역·지구등	상대보호구역〈교육환경 보호에 관한 법률〉, 성장관리권역 (2014-08-05)〈수도권정비계획법〉, 장애물제한표면구역(2012-06-11)(원추표면(공항고도제한높이 해발52.0m-107.0m, 경사도 1/20))〈항공법〉
「토지이용규제 기본법 시행령」 제9조제4항 각 호에 해당되는 사항		

확인도면

한번은 용인의 도시자연공원구역을 매각하려는 기획 부동산의 전화를 받은 적이 있다. 그들의 설명을 인용하자면 이렇다.

"바로 앞까지 아파트가 들어서는 등 개발이 됐으니 이 지역이 조금만 더 개발되면 이 땅도 풀어줄 것입니다."

바로 그럴싸한 이 한마디 때문에 이 사례를 책에 싣게 된 것이다. 돈을 버는 사례도 많이 소개해야겠지만 주변에 함정을 파놓고 기다리는 시커먼 존재들에게 독자들이 속지 않길 바라는 마음에서 말이다.

〈도표 7-8〉 인천광역시 내 한 지역의 전자지적도

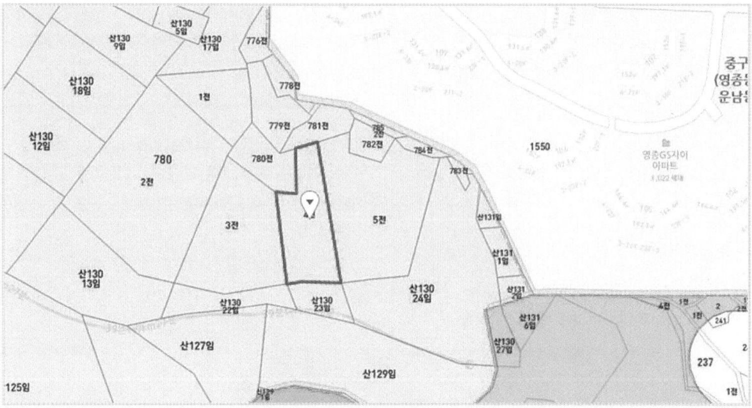

자료: 굿옥션

이곳의 위치를 〈도표 7-8〉을 통해 살펴보자. 아파트 서쪽으로 야산처럼 생긴 임야가 무수히 많은 필지로 쪼개져 있는 것이 보인다. 추정이지만 기획부동산에 의해 잘못된 선택을 한 사람들이 산 필지가 아닐까 싶다.

반드시 기억하자. 코앞까지 개발돼도 '구역'으로 끝나는 도시자연공원구역에는 결코 쉽게 기회가 오지 않는다는 것을.

나는 오를 땅만 산다

개발이 되어도 좋고
안 되어도 좋은 땅

경매가 취하되어 입찰을 하지 못했지만 두고두고 아쉬운 물건이 있다. 누군가 경제적 어려움을 겪어 경매에 내놨다가 겨우 돈을 마련하여 경매를 취하한 일을 두고 아쉽다고 하려는 것은 아니다. 물건 그 자체가 참으로 좋다는 말로 해석해주면 좋겠다. 이 땅이 어떤 것인지 알고 나면 아마도 독자 여러분들도 그 의미를 공감할 것이다.

위 물건은 의정부 산곡지구 근처 취락지구에 지어진 주택과 그 부속 토지이다. 바로 옆에 작은 낚시터 하나를 두고 있다. 우선 산곡지구 개발과 해당 물건과의 관계를 살펴보자. 앞서 서울시 은평구의 응암10구역 사례에서 본 것처럼 이 물건도 산곡지구가 공사에 들어가면 현장에서 식사를 하려는 인부들의 식당으로 임대하기에 적합해 보인다. 그러나 그것은 언제까지나 공사가 진행되는 동안이다. 한시적이

⟨도표 7-9⟩ 2016타경 8278

소 재 지	경기도 의정부시 산곡동 206-2 외 2필지 도로명주소검색							
물건종별	근린시설	감 정 가	1,168,372,710원		오늘조회:1 2주누적:0 2주평균:0 조회동향			
토지면적	723㎡(218,707평)	최 저 가	(100%)1,168,372,710원	구분	입찰기일	최저매각가격	결과	
건물면적	836,99㎡(218,707평)	보 증 금	(10%)116,840,000원	1차	2016-12-15	1,168,372,710원	변경	
매각물건	토지·건물 일괄매각	소 유 자	○○○	2차	2017-02-23	1,168,372,710원	변경	
개시결정	2016-03-31	채 무 자	○○○	3차	2017-06-08	1,168,372,710원	취하	
사 건 명	임의경매	채 권 자	○○○	본 사건은 취하(으)로 경매절차가 종결되었습니다.				
관련사건	2016타경26061(중복: 모사건): 취하							

목록	지번	용도/구조/면적/토지이용계획	㎡당 단가	감정가
토지	산곡동 206-2	자연녹지지역(2016-07-27), 집단취락지구(쇄징이등 1지구), 개발행위제한지역(2015-07-13), 개발제한ㄱ역	대 229㎡(69,273평)	1,200,000원 (904,000원)	274,800,000원

자료: 굿옥션

다. 그나마도 공사 현장이 크면 식당이 더 잘될 것 같지만 공사 현장 내부에 식당이 생길 가능성도 있어 그리 낙관적인 것만은 아니다.

하지만 그렇게 버티기만 하고 나면 신도시 옆의 땅이 된다. 신도시가 들어서고 나면 인구가 늘어날 것이고 당연히 해당 입지의 가치는 올라갈 것이다. 그런데 눈에 띄는 것이 하나 더 있다. 바로 물건 서쪽에 위치한 저수지이다.

현재 낚시터로 쓰이는 산곡저수지는 분명 농업용수 확보를 위해

나는 오를 땅만 산다

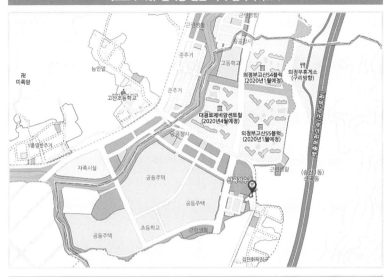

〈도표 7-10〉 산곡동 인근 지역 전자지적도 1

자료: 굿옥션

인위적으로 만들어놓은 저수지일 것이다. 그러나 신도시가 만들어지고 나면 작은 규모의 호수공원이 되지 않을까 기대를 해봤다. 어쩌면 호수가 아니라 연못일 수도 있겠다. 어쨌든 연못공원이든 호수공원이든 조성이 된다면, 산곡지구 내의 더 많은 주민들이 찾아올 것이고 상가의 입지는 더 좋아질 것이라는 기대가 있었다.

확인 차 산곡지구 사업시행자인 LH에 문의를 했다. 들려오는 대답은 연못과 그 주변을 연못공원으로 꾸미자는 의견도 있었으나 연못의 수심이 워낙 얕아서 그러기에 부적합하다는 판단을 내렸다고 한다. 결국 작은 공원으로 만들 계획이라 하였다. 연못공원이 아니어서 조금 아쉽지만 그래도 공원이 조성된다 하니 산곡지구

입주가 어느 정도 진행되면 부동산의 가치가 크게 올라갈 것이 틀림없었다.

그러나 이게 전부가 아니다. 이 물건은 취락지구라는 점이 내 눈길을 끌었다. 현재는 개발제한구역 내에서 10호 이상 모여 살다보니 지자체에서 집단취락지구로 지정을 한 것이다. 그런데 주변이 개발되어 인프라가 좋아지는 상황에서는 지자체에서 일반주거지역이나 전용주거지역 등으로 용도를 상향하는 경우가 많다.

정리해보자. 이 물건은 시간을 두고 신도시가 되길 기다린다면 배후수요가 늘어 식당 영업을 하기에 좋은 입지가 된다. 뿐만 아니라 인접하여 신도시가 들어서니 그곳의 인프라도 이용할 수 있어 좋다. 게다가 인프라가 개선되고 지자체에서 일반주거지역이나 전용주거지역 등으로 종 상향을 시켜줄 가능성이 농후한 땅인 것이다.

이걸로 끝일까? 그렇지 않다. 이 물건엔 또 하나의 호재가 있다.

경매가 나왔던 시기의 기사를 확인해보자. 의정부 복합문화단지가 조성된다는 소식이다. 2016년 말까지만 해도 사업의 실현 가능성이 불투명해 보인다는 뉴스가 나왔다. 그러다 2017년 들어 사업시행자가 그린벨트해제 심의를 신청했다는 소식이 발표됐다.

사업의 진척이 있어 보이긴 하지만 확실히 사업이 된다고 믿기엔 아직은 미심쩍은 구석이 남아 있다. 무엇보다 사업시행자가 그리 안정적이지 않기 때문이다.

— 올해 안으로 예정됐던 의정부 산곡동 일대 복합문화단지 조성부지 그린벨트 해제고시가 해당 사업을 위한 법인 설립 지연으로 늦어지면서 오는 2018년에나 부지 조성이 시작될 것으로 보인다.

28일 시에 따르면 중앙도시계획위는 지난 9월 복합문화단지 조성부지 62만1천774㎡ 중 그린벨트 55만3천96㎡에 대한 해제건을 조건부로 통과시켰다. 시는 애초 연내 추진을 위해 공동출자(의정부시 34%, 민간사업자 66%)의 민간공동 특수목적법인을 설립, 국토부에 그린벨트 해제고시를 신청하고 해제고시를 받을 예정이었다.

하지만, 법인 설립이 늦어지면서 그린벨트 해제고시도 늦어지고 있다. 지난해 12월 민간우선협상 대상자로 선정한 가칭 의정부 복합문화창조도시 사업개발㈜ 투자자 중 건설투자자인 대우건설과 금융투자자인 산업은행 등이 참여하지 않겠다고 나섰기 때문이다. 의정부 복합문화창조도시 사업개발㈜에는 유디자형㈜ 등 모두 10개사가 참여하고 있다.

시는 건설투자자 선정을 마치고 내년 1월 법인 설립과 함께 해제고시를 신청하면 내년 2월께나 고시될 것으로 보인다. 도시개발구역 지정, 개발계획수립 고시, 보상협의착수, 실시계획인가 등도 내년 하반기 이후로 늦어지고 있다. 애초보다 6개월 이상 절차가 늦어지는 셈이다.

그러나 시는 오는 2018년에 부지 조성을 시작, 오는 2019년 말까지는 마칠 계획이다.

- "해 넘기는 의정부 '복합문화단지' 부지 조성", 〈경기일보〉, 김동일, 2016. 12. 29.

― 의정부 사상 최대의 1조7천억 원이 투자되는 복합문화단지사업이 이 달 중 그린벨트 해제고시와 함께 본격화한다. 특히 반환공여지 특별법에 따라 각종 복잡한 행정절차가 줄어들면서 내년 상반기 안으로 보상에 들어가는 등 사업 추진에 속도가 붙을 전망이다.

4일 시에 따르면 지난달 30일자로 산곡동 복합문화단지 사업 추진을 맡을 특수목적법인인 의정부 리듬시티㈜ 설립이 완료됐다. 시 34%, 민간사업자 66% 출자의 총 자본금 51억 원으로 유디자형㈜, 케이프투자증권 등 모두 14개사가 참여했다. 시는 법인설립이 완료됨에 따라 복합문화단지 예정부지 62만1천774㎡ 중 그린벨트인 55만3천96㎡에 대해 오는 7일 국토교통부에 해제고시를 신청할 예정이다. 이 달 안으로 고시가 있을 전망이다.

그린벨트 해제 심의는 지난해 9월 22일 국토부 중앙도시위원회를 조건부로 통과했다. 하지만, 민간우선 협상대상자인 가칭 의정부 복합문화창조도시 사업개발㈜에 참여한 일부 투자자가 참여를 번복하고 최순실 사건이 터지면서 법인구성이 지체되고 해제고시 신청도 늦어졌다. 시는 그린벨트 해제가 고시되면 지구지정, 사업자지정, 개발계획, 실시계획인가 등 각종 행정절차에 나설 예정이다. 통상 이 같은 행정절차를 밟으려면 1년 이상 걸리지만, 반환공여지 특별법에 따라 의제 처리되면서 행정절차기간이 크게 단축돼 사업을 애초 예정대로 추진할 수 있게 됐다.

―"의정부 '복합문화단지사업' 속도 낸다", 〈경기일보〉, 김동일, 2017. 06. 05

자료: 굿옥션

　그렇지만 이 물건은 걱정할 게 없었다. 위 뉴스에서 언급하는 내용은 이 물건을 포함하여 남쪽 지역의 개발사업에 관한 것이다. 사업의 진척이 이루어지면 이 사업지에 포함되어 토지와 건물 등에 대한 보상을 받을 것이고, 수용사업에 따라 흔히들 말하는 '딱지'(이주대책이나 생활대책 등으로 받게 되는 권리)를 받게 될 가능성도 매우 높다. 수용보상은 또 다른 깊이 있는 공부를 필요로 하므로 이 장에선 생략하겠지만 중요한 것은 경매 당시 낙찰을 받아 잔금을 치른다면 개발구역으로 지정되기 전이기 때문에 딱지를 받을 가능성이 크다는 점이다. 조금 전문적으로 표현하자면 사업인정고시일 이전에 등기와 전입을 한 자로 (이주대책의 경우 보통 지정보다 전입이 1년 앞서야 한다) 금전적 보상 외 다른 대책에 따른 권리도 받게 되는 것이다.

그러니 이 땅은 남쪽의 개발사업 진행으로 수용되어도 좋고 그 사업이 지연되어 수용이 되지 않아도 좋은 물건이다. 조금 억측 같은 가설이지만 남쪽과 북쪽의 개발사업이 모두 이뤄지고 이 물건 주변만 취락지구라 하여 존치된다 해도 위아래로 신도시가 생기는 것이니 정말 좋은 물건이 되는 시나리오인 것이다. 물론 이는 그저 꿈에 불과할 수 있다.

무엇보다 경매가 취하되었으니 입찰할 기회마저 없었다. 하지만 경매를 끝내 막고 이렇게 좋은 재산을 지킨 소유자에게 박수를 보낸다. 내게는 또 다시 이것과 비슷한 물건을 찾아내야 하는 숙제가 남게 되었지만 말이다.

토지투자자만의 여유만만

이 책을 쓰며 고집한 두 가지가 있다. 하나는 이론적 설명을 한 뒤 거기에 꼭 부합하는 사례를 넣는 것이고 나머지 하나는 반드시 직접 경험한 경우로 설명한다는 것이다. 주택 경기가 좋았던 시기와 그렇지 않은 시기의 사례를 섞어가면서 말이다.

다른 부동산투자와 비교했을 때 토지투자의 가장 큰 장점 중 하나는 주택 경기와 무관하다는 점이다. 정부가 아무리 주택 부양책을 써도 오를 만큼만 오르는 것이 토지고, 아무리 주택 규제책을 써도 역시 오를 만큼만 오르는 것이 토지다. 반대로 아무리 경기가 좋고 부동산 붐이 일어도 안 오를 땅은 안 오른다.

나는 지금도 2006년의 그 미쳐 돌아가던 수도권 집값을 생생히 기억한다. 다행히(?) 나는 분양권을 팔아 상승 대열에 합류해서 지금까지 오게 됐지만, 바로 그런 말도 안 되는 상승 때문에 아파트를 버리고 토지에 관심을 갖게 된 것이다. 주식으로 치면 '펀더멘탈' 이 없이 심리적인 요인으로 집값이 상승했다고 봤기 때문에 다른 충격이 있다면 금세 꺼질 수도 있다는 불안감을 느낀 것이다. 그때부터 힘들지만 토지에 대해 공부했고, 그 결과 가장 확실하면서 두 다리 쭉 뻗고 할 수 있는 투자 기술을 익히게 된 것이다.

그러고 나서 얼마 지나지 않아 2008년 리먼 브라더스 사태로 대변되는 글로벌금융위기의 파고를 맞으며 우리의 경기와 주택 시장도 침체를 면하지 못했다. 그때 아파트만 투자하던 선수들(?)은 나가떨어지는 와중이었음에도 나는 두 다리 쭉 뻗고 마음 편히 보낼 수 있었다. 그런 뒤엔 《나는 집 대신 상가에 투자한다》와 같이 아주 기막히게 좋은 상가투자서가 나왔지만 주택 시장은 그칠 줄 모르고 상승하기만 해왔다. 그럴 때도 토지투자를 하며 비슷한 수익을 창출하는 것이 어렵지 않았다(솔직히 아파트 선수들만큼 수익을 내지 못했음은 시인한다).

그래서 이 책에서 주택 가격의 침체기와 상승기 양쪽 모두에 걸친 사례를 담으려 애썼다. 투자자라면 불황기에도 호황기에도 수익을 일정하게 낼 수 있어야 한다. 그런 의미에서 토지만큼 투자하기 좋은 대상은 없다.

불경기라도 전철은 때가 되면 개통한다. 그러면 자연스럽게 그 앞 농업진흥구역농지(절대농지)는 많은 변화를 겪는다. 하지만 미리 공부하지 않으면, 역 앞 농지가 좋아진다고 해도 그냥 '역세권 농지' 로

받아들일 뿐이다. 또 이론에 치우친 공부를 하면 '여전히 농업진흥구역이라 행위 제한이 많다' 와 같은 말을 하곤 한다. 그러나 답사와 실전을 겸하며 공부하다 보면 '지금은 농업진흥구역이지만 역 개통 즈음엔 농업진흥구역이 해제되어 쓰임이 많은 땅이 된다' 라는 결론을 낼 수 있다.

이와 같은 패턴은 늘 반복되며 전국 각지에서 벌어진다. 그러나 말이 쉽지 실제로 이와 같은 사례를 두 건 이상 봐두지 않으면 판단하기 쉽지 않다. 그건 나도 겪었던 어려움이고 아리송함이다. 누구나 처음엔 그런 시기를 겪는다.

이 책에 언급된 수많은 사례를 통해 독자들의 이론과 실전에 다리를 놓고자 했다. 이 책을 읽은 독자는 내가 겪은 어려움과 아리송함을 덜 느끼기를 바라는 마음이다. 사실 그간 쌓아온 경험과 지식을 바탕으로 토지투자의 방법에 대해서 이야기했지만, 이것만이 정답은 아닐 것이다. 어떤 일이든 방법은 여러 가지일 테니 말이다. 그럼에도 적어도 틀리거나 독자를 구렁텅이로 빠뜨리는 방법은 아니라고 자신 있게 말하고 싶다.

나의 이야기가 독자들의 탄탄한 발판이 된다면 그리고 성공하는 토지투자로의 초석이 된다면 책을 쓴 입장에서 그보다 기쁜 일은 없을 것이다.

쉽게 배워 바로 써먹는 옥탑방보보스의 토지투자 첫걸음
나는 오를 땅만 산다

제1판 1쇄 발행 | 2018년 12월 3일
제1판 16쇄 발행 | 2023년 6월 12일

지은이 | 김종율
펴낸이 | 김수언
펴낸곳 | 한국경제신문 한경BP
책임편집 | 김종오
저작권 | 백상아
홍보 | 이여진 · 박도현 · 정은주
마케팅 | 김규형 · 정우연
디자인 | 지소영
본문디자인 | 디자인 현

주소 | 서울특별시 중구 청파로 463
기획출판팀 | 02-3604-590, 584
영업마케팅팀 | 02-3604-595, 562   FAX | 02-3604-599
H | http://bp.hankyung.com   E | bp@hankyung.com
F | www.facebook.com/hankyungbp
등록 | 제 2-315(1967. 5. 15)

ISBN 978-89-475-4430-6   03320